Original illisible
NF Z 43-120-10

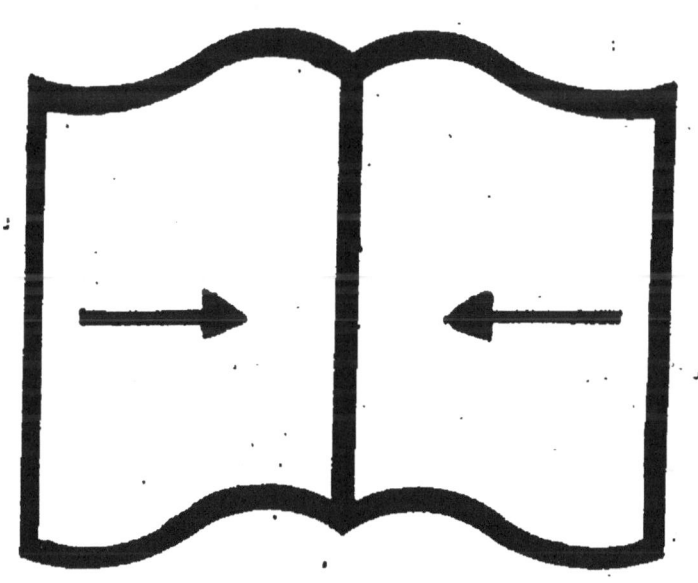

"VALABLE POUR TOUT OU PARTIE
DU DOCUMENT REPRODUIT".

PETITS VOYAGES

PITTORESQUES

A L'USAGE DE LA JEUNESSE.

Le double dépôt ayant été effectué conformément à la loi, sera réputé contrefait et poursuivi comme tel tout exemplaire non revêtu de ma signature.

Frontispice.

Saint-Denis.

La Sainte Chapelle.

Les Petits Voyageurs
en
FRANCE
ou

Description pittoresque de cette belle Contrée.

Offrant des détails sur le sol, les productions naturelles et industrielles, les Curiosités, les Monumens, les mœurs et les Coutumes des habitans,

Les noms des hommes célèbres etc.

Ornée d'une Carte Géographique et de Vignettes.

par P. C. BRIAND, auteur

des J. Voyageurs en Europe, en Asie.

Le Louvre sous Louis XIV.

Thiériot, Libraire, rue Pavée St André des Arts. 13.

A PARIS.

TABLE
DES DÉPARTEMENS.

Ain.	page 232	Gard.	page 55
Aisne.	295	Garonne (haute).	74
Allier.	201	Gers.	119
Alpes (basses).	15	Gironde.	109
Alpes (hautes).	33	Hérault.	64
Ardèche.	45	Ille-et-Vilaine.	177
Ardennes.	293	Indre.	208
Arriége.	89	Indre-et-Loire.	188
Aube.	284	Isère.	37
Aude.	80	Jura.	249
Aveyron.	126	Landes.	104
Bouches-du-Rhône.	18	Loir-et-Cher.	191
Calvados.	347	Loire.	224
Cantal.	216	Loire (haute).	49
Charente.	136	Loire-Inférieure.	160
Charente-Infre.	141	Loiret.	197
Cher.	205	Lot.	129
Corrèze.	213	Lot-et-Garonne.	116
Côte-d'Or.	244	Lozère.	53
Côtes-du-Nord.	174	Maine-et-Loire.	157
Creuse.	203	Manche.	345
Dordogne.	132	Marne.	287
Doubs.	254	Marne (haute).	281
Drôme.	31	Mayenne.	182
Eure.	343	Meurthe.	275
Eure-et-Loir.	193	Meuse.	273
Finistère.	168	Morbihan.	165

TABLE.

Moselle.	page 270	Seine.	page 308
Nièvre.	199	Seine-et-Marne.	299
Nord.	361	Seine-et-Oise.	339
Oise.	302	Seine-Inférieure.	350
Orne.	344	Sèvres (deux).	150
Pas-de-Calais.	357	Somme.	355
Puy-de-Dôme.	220	Tarn.	72
Pyrénées (basses).	100	Tarn-et-Garonne.	123
Pyrénées (hautes).	93	Var.	11
Pyrénées-Orient[es].	83	Vaucluse.	24
Rhin (bas).	264	Vendée.	144
Rhin (haut).	262	Vienne (la).	152
Rhône.	226	Vienne (haute).	210
Saône (haute).	259	Vosges.	279
Saône-et-Loire.	234	Yonne.	238
Sarthe.	184		

INTRODUCTION.

Je vous ai promis, mes enfans, qu'au sortir du lycée je vous ferais voyager. Je suis assez content des études que vous avez faites, et les prix que vous avez remportés sont pour moi un témoignage irrécusable que vous avez su mettre à profit les leçons de vos divers professeurs. Je veux vous en récompenser, en vous procurant les occasions d'acquérir des connaissances nouvelles et utiles. C'est un grand plaisir que celui de voyager sans doute, mais ce serait un temps employé en pure perte, si l'on se bornait à parcourir un pays sans y étudier les mœurs et les usages des habitans, sans y examiner tous les objets dignes d'attention, les monumens qui décorent les villes, les merveilles que la nature s'est plu à opérer dans les campagnes, les antiquités qui ont survécu aux ravages du temps, et se trouvent encore existantes soit en partie, soit dans leur entier, et que nous devons à nos ancêtres Francs et Gaulois, ou à ces Romains fameux dont vos études vous ont appris les noms les plus illustres.

Il faut avant tout, mes amis, connaître son pays, et vous ne doutez pas que notre premier voyage n'ait pour but de visiter la France; car, bien que nés en Corse, nous sommes de véritables Français. C'est donc la France qu'il convient de voir et d'étudier. Vous y remarquerez des climats différens, des mœurs diverses, une grande variété d'usages qui vous étonnera peut-être, parce que vous aurez pu croire que, dans un même pays, tout doit être uniforme. Ce peut être ainsi dans la Corse, qui n'est qu'une petite île, mais la France est un grand royaume. La Géographie a dû vous apprendre qu'elle est bornée au nord par la Bavière rhénane, par le grand duché du Bas-Rhin qui fait partie des états du roi de Prusse, par la Belgique, par la mer du Nord, par le Pas de Calais et par la Manche; à l'ouest, par l'Océan Atlantique; au sud, par la chaîne des Pyrénées qui la sépare de l'Espagne et par la Méditerranée; enfin à l'est, par les Alpes qui la séparent du royaume de Sardaigne, par la Suisse dont la sépare le Jura, et par le Rhin qui la sépare du grand duché de Bade. La surface de la France a vingt-six mille huit cent neuf lieues carrées.

Vous concevez aisément qu'un état aussi vaste n'a pu se former tel qu'il est, qu'après une suite de siècles plus ou moins longue, et qu'une infinité de circonstances y a coopéré. Pour peu qu'on vous ait enseigné l'histoire de France, vous devez savoir que cette belle contrée, cent ans avant Jésus-Christ, portait le nom de Gaule; qu'à l'époque où César y pénétra, elle était partagée en un grand nombre de peuples qui furent peu-à-peu subjugués par les Romains.

Après la destruction de l'empire romain en occident, l'an 490 après Jésus-Christ, les Francs, horde barbare et guerrière sortie de la Germanie, formèrent dans les Gaules un royaume fort étendu;

mais ce fut Clovis qui jeta les fondemens de la monarchie française, et fut la souche de la race mérovingienne qui dura 332 ans, et donna vingt-deux rois. Mais l'usage qui existait alors parmi les rois, de partager leurs états entre leurs enfans, comme un particulier partage sa succession, a souvent été cause du démembrement de la France, et du malheur des peuples qui ont essuyé de nombreuses guerres civiles, jusqu'à ce que l'on eût reconnu les désastreux effets de ces partages. Dès qu'ils n'eurent plus lieu, les princes régnans s'appliquèrent à réunir toutes les parties éparses de la monarchie, acquirent des provinces par dotation, par conquête ou par acquisition, et firent de la France un des plus beaux et des plus puissans états de l'Europe.

Ce pays comprend 86 préfectures ou départemens y compris la Corse, lesquels forment 403 arrondissemens ou sous-préfectures, 2842 cantons et 39,381 communes. Sa situation, presque au milieu de l'Europe, le met en relation avec les peuples les plus civilisés et les plus puissans, et il a sur l'Océan et sur la Méditerranée une étendue considérable de côtes qui lui ouvrent le commerce du monde entier. Le climat, quoique varié, est en général un des plus beaux du globe; le sol fertile y donne abondamment toute espèce de productions; grains, céréales, vins renommés, bois de construction.

Vous ne trouverez point de montagnes à l'ouest et au nord, on n'y voit que des collines; mais l'est vous offrira la perspective de la chaîne des *Vosges*, dont les sommités arrondies prennent le nom de ballons; les hauteurs principales de cette chaîne sont le Ballon de Sultz, le Haut d'Honce, le Mont de Chaumes et le Ballon d'Alsace; vous verrez la chaîne du Jura qui semble l'extrémité septentrionale des *Alpes*, et dont les principaux sommets sont le Reculet, le Colombier, la Dôle, le Mont-Tendre et la Dent de Vaulion; enfin les Alpes, dont le noyau se trouve en Savoie, et dont les montagnes les plus remarquables sont le Mont-Genèvre et le Mont-Viso.

Au sud, vous admirerez les *Cévennes* et les *Monts-Dorres*, prolongation des Cévennes. Les plus hauts sont, pour les *Cévennes*, le Mezen, le Puy-Mary; pour les *Monts-Dorres*, le Mont-d'Or, le Cantal et le Puy-de-Dôme; la chaîne des *Pyrénées* sépare l'Espagne de la France, et projette le Mont-Perdu, le Cylindre et le Canigou.

Si vous voulez parcourir les forêts, vous en trouverez de magnifiques : ce sont les Ardennes, les Vosges, les forêts de Compiègne, de Villers-Coterêts, de Fontainebleau, d'Orléans, de Saint-Germain; les bois des Landes, des Pyrénées, du Jura, des Cévennes et du Morvan. Celles-ci sont les principales; il en est beaucoup d'autres que vous aurez occasion de voir, mais qui ne sont pas d'une aussi vaste étendue.

La France est arrosée par un grand nombre de rivières dont la plupart ont donné leurs noms à des départemens; mais les plus remarquables sont la Seine, la Loire, le Rhône et la Garonne. On y voit aussi des canaux superbes, tels que ceux du Languedoc, qui réunit la Méditerranée à l'Océan; d'Orléans, qui ouvre une communication entre Anvers et Marseille; ceux de Briare, de Loing, de Saint-Quentin, du Doubs, de Bourgogne, du Centre, de Monsieur, de Beaucaire, de l'Ourcq, de Saint-Martin et autres.

On peut compter, au nombre des avantages que la France possède, diverses eaux minérales dont les plus renommées sont celles de Baréges et de Bagnères, auprès des Pyrénées; de Forges, en *Normandie;* Plombières et Bourbonne, en *Lorraine;* Vichy, Néris, Chaudes-Aigues, du Mont-d'Or, en *Auvergne;* les boues de Saint-Amand, en *Flandre;* les eaux de Contrexeville et de Luxeuil, dans les Vosges.

Vous venez de m'entendre parler de Normandie, d'Auvergne, de Lorraine, de Flandre, et peut-être ignorez-vous ce que signifient ces mots, placés là sans aucun accompagnement; ce sont les noms de diverses provinces. Il n'est pas douteux que, dans le cours de votre voyage, vous n'entendiez souvent prononcer de ces noms devenus étrangers à la division actuelle de la France. Il est donc bon que vous sachiez qu'avant l'année 1789, ce royaume était divisé en trente-quatre provinces, que l'on peut distribuer en cinq régions. La région *septentrionale* comprenait la Flandre, l'Artois, la Normandie, l'Ile de France, la Champagne et la Lorraine. La région *orientale* renfermait l'Alsace, la Franche-Comté, la Bourgogne, le Lyonnais. La région *cen-*

trale se composait de l'Orléanais, de la Touraine, du Berry, du Nivernais, du Bourbonnais, de la Marche, du Limousin et de l'Auvergne. La région *méridionale* contenait le Languedoc, le Roussillon, le comté de Foix, la Guienne, la Gascogne, le Béarn, le Dauphiné, la Provence; dans cette dernière, n'étaient pas compris le comtat Venaissin et celui d'Avignon, qui n'ont été cédés à la France qu'en 1791. La région *occidentale* embrassait le Maine, l'Anjou, la Bretagne, le Poitou, l'Aunis, la Saintonge et l'Angoumois.

Aujourd'hui la France est divisée en quatre-vingt-six départemens, pour la formation desquels il a fallu dépécer les provinces. Ainsi on n'y connaît plus ni Normands, ni Picards, ni Gascons, ni Provençaux, ni Bretons, ni Auvergnats, ni Bourguignons, ni Champennois, etc. Depuis plus de quarante ans que, par la division de la France en départemens, les provinces ont été morcelées, confondues et régies tantôt en république, tantôt en monarchie absolue ou tempérée, le caractère qui distinguait les habitans des contrées diverses dont elle est composée, s'est sinon effacé entièrement, au moins fortement altéré. Il n'y a plus en France que des Français; ce sera donc le caractère de ce peuple en général que je vais essayer de vous faire connaître, afin de vous préparer à l'étude particulière que vous aurez occasion d'en faire dans le cours de notre voyage.

Je vous dirai donc que le caractère des anciens Gaulois, souche de la grande famille, semble avoir survécu à tous les changemens qu'a subis la France depuis son origine. Chaque peuple paraît avoir son caractère propre, comme chaque homme, et ce caractère général est formé de toutes les ressemblances que la nature et l'habitude ont mises entre les habitans d'un même pays, au milieu des variétés qui les distinguent. Ainsi le caractère, le génie, l'esprit français résultent de tout ce que les différentes localités de ce royaume ont entre elles de semblable. Les peuples de la Bourgogne et ceux de la Normandie diffèrent beaucoup; cependant on reconnaît également en eux le génie français qui forme une nation de ces provinces diverses, et qui les distingue au premier coup d'œil des Italiens ou des Espagnols.

La taille des Français est en général au-dessous de celle de leurs voisins, mais ils sont bien proportionnés, très-actifs, et moins sujets que les autres nations aux difformités corporelles. Les femmes y sont aussi célèbres pour leur beauté que pour la vivacité, les grâces et les charmes.

Le génie, la bravoure et un noble orgueil forment le trait dominant du caractère des Français, et c'est le premier peuple qui ait su tirer un aussi grand parti de l'esprit national qui l'anime, le soutient dans les revers, et le porte aux actions qu'un courage plus raisonné suggère aux autres nations.

Les Français sont gais, enjoués, humains, généreux, magnanimes. L'esprit brille dans leur conversation ; c'est chez eux que les étrangers viennent apprendre le bon ton de la société, la politesse et la galanterie. Les Français sont confians; la prospérité ne les rend ni présomptueux, ni arrogans, et il n'est point de peuple qui sache supporter d'aussi bonne grâce les revers et l'adversité. La conversation du militaire d'un âge mûr est communément instructive et amusante. Les Français aiment à se réunir en société, et à y faire assaut d'esprit et de politesse. Leurs amusemens principaux sont la danse, le spectacle, la paume, le billard.

Le Français est encore aujourd'hui tel que César a peint les Gaulois, prompt à se résoudre, ardent à combattre, impétueux dans l'attaque et se rebutant aisément. César et d'autres disent que, de tous les barbares, le Gaulois était le plus poli; le Français est encore le modèle de la politesse, et l'emporte à cet égard sur les peuples les plus civilisés. En général, l'impétuosité dans la guerre, et le peu de discipline furent toujours le caractère dominant de la nation. Elle a été taxée de légèreté non-seulement par César, mais aussi par tous les peuples voisins. Cependant, à en juger par le parti qu'elle a su tirer des circonstances pour agrandir son territoire, ce reproche ne paraîtrait pas fondé, et ce royaume si long-temps démembré et si souvent près de succomber, s'est réuni, relevé et soutenu par la sagesse des négociations, l'adresse et la patience. Il est vrai que les jeunes Français sont légers, mais à mesure qu'ils atteignent l'âge mûr, ils agissent avec circonspection. François Ier ne fut malheureux dans sa jeunesse que lorsque tout était gouverné par des favoris de son âge, mais il rendit son royaume florissant dans un âge plus avancé.

Les Français se servirent toujours des mêmes armes que leurs voisins, et eurent à peu-près la même discipline dans la guerre; mais ils ont été les premiers à quitter l'usage de la pique et de la lance. Ils portèrent des tuniques et des robes jusqu'au seizième siècle. Sous le règne de Louis-le-Jeune, ils cessèrent de laisser croître la barbe, en reprirent l'usage sous François I*er*, et ne commencèrent à se raser entièrement que sous Louis XIV, et l'habitude s'en est conservée. Mais la manière de s'habiller a éprouvé et éprouve encore des variations sans nombre; il en a été de même long-temps pour la coiffure, de sorte qu'au bout de chaque siècle, les Français pouvaient prendre les portraits de leurs aïeux pour des portraits étrangers.

J'aurais désiré, mes enfans, pouvoir vous donner quelque idée du caractère des Parisiens. L'empereur Julien les affectionnait particulièrement, parce qu'il les trouvait graves et sérieux comme lui. Mais Paris, à cette époque, n'était qu'une très-petite ville, sans doute peuplée en grande partie d'individus qui y étaient nés, et rien alors n'était si facile que de démêler leur caractère; tous nos amusemens leur étaient inconnus, il était naturel qu'ils fussent sérieux et même sévères. Paris n'est plus ce qu'il était alors; c'est aujourd'hui une capitale immense où l'on voit chaque jour des gens qui viennent s'y fixer, soit des provinces françaises, soit des nations étrangères. Cette population hétérogène forme l'amalgame le plus incohérent et le plus bizarre qu'il soit possible d'imaginer. C'est un véritable cahos, dans lequel il serait difficile de démêler la moindre nuance propre à distinguer le caractère du vrai Parisien.

Les notions que je viens de vous donner, et que je vous invite à bien graver dans votre mémoire, vous seront très-utiles dans le cours du voyage que vous allez faire. Mettez-vous bien dans l'esprit que ce n'est pas seulement un voyage de plaisir, mais que son but principal est l'étude des hommes et du pays. Ainsi munissez-vous de papier, d'encre, de plumes et de crayons, pour prendre note et dessin de tout ce qui vous paraîtra intéressant et surtout nstructif. N'oubliez pas vos cartes géographiques; disposez-vous à partir d'ici à quelques jours. Le *département* du *Var*, le plus voisin de notre île, est celui dans lequel nous débarquerons; amusez-vous, si bon vous semble, à étudier l'itinéraire de ce département, et tenez-vous prêts pour le départ, comme s'il était fixé à demain.

LES PETITS VOYAGEURS EN FRANCE.

DÉPARTEMENT DU VAR.

Mes amis, nous ne tarderons pas à arriver en France, *Antibes* est la première ville que vous verrez. On dit que sa fondation remonte à la plus haute antiquité; il paraît qu'elle fut jadis considérable, car on y voit encore de nombreux débris d'édifices publics. Aujourd'hui elle n'a d'importance que comme place forte. Non loin de là est l'île Sainte-Marguerite avec son château fort, ancienne prison d'état, où fut enfermé le mystérieux Masque de fer. En suivant le littoral du département, on remarque la petite ville de *Cannes* où Napoléon débarqua en 1815, et plus loin *Fréjus* où, seize ans auparavant, il avait mis pied à terre à son retour d'Égypte. *Saint-Tropèz*, à cinq lieues de Fréjus, sur le golfe de Grimaud, est une ville forte, avec un port et une citadelle. *Hyères* est célèbre par la beauté et la douceur de son climat, c'est la patrie de Massillon. En face de Hyères sont trois îles très-jolies, où règne un printemps continuel, où les orangers sont en pleine terre, et qui abondent en plantes médicinales.

Ces petites villes sont agréables, mais pour l'utilité et l'instruction, il faut voir *Toulon*, grande et ancienne place sur la Méditerranée, dans une très-belle situation, ayant au nord des montagnes fort élevées, avec une bonne citadelle. Son port, l'un des plus grands et des meilleurs de l'Europe, forme deux bassins, le vieux et le neuf, qui communiquent ensemble par un canal, et ont leur issue dans une rade commune, dont l'entrée, entre deux môles, est très-étroite et défendue par plusieurs forts.

La ville, divisée en vieille et nouvelle, renferme de beaux édifices, parmi lesquels on distingue le fort Joubert, et la maison commune; la cathédrale, les églises et les hôpitaux. Chef-lieu d'une sous-préfecture civile, et d'une préfecture maritime, cette place possède une école navale et de marine, un lazaret, un arsenal maritime, un parc d'artillerie, une fonderie de canons, des magasins à poudre et des chantiers de construction ; un collége communal, deux bibliothèques publiques, un jardin de botanique et un théâtre ajoutent aux avantages dont la position de la ville fait jouir les habitans.

Toulon, embellie et fortifiée par Louis XIV, n'est cependant pas une belle ville ; ses rues sont étroites et ses places irrégulières, à l'exception de celle appelée le champ de bataille, laquelle est entourée d'un double rang de peupliers et de trembles. C'est la ville où Bonaparte débuta dans la carrière des armes. Elle a donné naissance au chevalier Paul qui de simple mousse, dans le siècle dernier, est parvenu au grade de vice-amiral de France.

Traversons les *Monts des Maures*, ainsi appelés à cause des ravages que faisaient les Africains sur les côtes de ce département, et gagnons *Brignolles*, petite ville située au milieu d'un pays charmant, où l'on respire l'air le plus pur ; sa position sur le penchant d'une colline, entre deux rivières, dans un territoire très-fertile, la place au rang des plus agréables résidences de cette contrée. Chef-lieu d'une sous-préfecture, Brignolles est la patrie du peintre Parocel, du poète

Lebrun, et de saint Louis, évêque de Toulon, petit-neveu du roi saint Louis.

Arrivons à *Draguignan*. C'est le chef-lieu du département et la résidence du préfet. Cette ville est traversée par la rivière de Pis, et arrosée par plusieurs fontaines fort belles; ses environs produisent d'excellens fruits et de bons vins; mais cette ville, qui ne compte que 8,000 habitans, est loin de répondre à l'importance que semblent lui donner les autorités qui y sont établies.

Grasse, qui n'en est éloignée que de deux lieues, est bien plus intéressante par son industrie et par sa population, qui s'élève à 13,000 âmes. Chef-lieu d'une sous-préfecture, cette ville est située sur le revers d'une colline d'où elle domine des jardins et des champs où l'oranger, le jasmin, la tubéreuse, la rose et l'héliotrope confondent leurs délicieux parfums. Les essaims d'abeilles, qui sont une source de richesses pour son territoire, trouvent dans ces fleurs une nourriture abondante, et l'habitant, les sucs qui servent à la fabrication des liqueurs et des savons qu'il expédie dans toutes les parties du monde. Les rues de Grasse sont étroites, mais propres; et à l'époque de la récolte, elles se parfument des odeurs les plus suaves, que répandent les fabriques de liquides spiritueux, de savons odorans, et d'une infinité d'espèces de parfumeries.

Ce département est borné au nord par celui des Basses-Alpes et le comté de Nice, à l'est et au sud par la Méditerranée; à l'ouest par le département des Bouches-du-Rhône. Celui-ci est le plus important, mais réservons les bons morceaux et visitons d'abord celui des *Basses-Alpes*.

DÉPARTEMENT DES BASSES-ALPES.

Arrêtons-nous ici. Cette ville que l'on nomme *Castellane* paraît peu considérable, mais son territoire semble fertile et agréable. Elle est renommée pour ses fruits secs et ses pruneaux, et surtout pour ses sources salées, dont une est assez forte pour faire tourner un moulin. Allons voir cette source, puis nous nous mettrons en route pour arriver de bonne heure à *Digne*, chef-lieu de ce département.

Cette ville ancienne, entourée et flanquée de tours carrées, et située au milieu de montagnes intéressantes pour le botaniste et le minéralogiste, est généralement triste ; les rues escarpées et tortueuses, les maisons de très-mince apparence en donnent une idée fort peu avantageuse. L'hôtel de la préfecture, le palais de l'évêché, la cathédrale n'ont rien de bien remarquable. Cependant cette ville est peuplée, il y a du mouvement ; parce que les eaux minérales des environs y jouissent depuis long-temps d'une certaine renommée qui y attire un grand nombre de baigneurs de la France et de l'Italie, depuis le premier mai jusqu'à la fin d'août. Ces eaux sont surtout efficaces pour la guérison des plaies causées par les armes à feu. Près de cette ville est un village du nom de *Champtercier,* qui a donné naissance au célèbre Gassendi, astronome philosophe, et l'émule de Descartes. Mes amis, allons voir ce village, il n'a rien de curieux sans doute, mais nous aurons rendu une sorte d'hommage à l'homme célèbre, en visitant son berceau.

Sisteron, où nous ferons une station, est, ainsi que Digne, une cité fort ancienne, et conséquemment très-mal bâtie ; mais sa situation au confluent de deux rivières, la Buèche et la Durance, ne laisse pas d'être avantageuse, outre qu'elle renferme des objets qui méritent d'être vus, tels que le maître-autel de la cathédrale, orné d'un beau tableau du célèbre Vanloo; la vieille citadelle qui servit de prison à Casimir, roi de Pologne, et la jolie promenade qui conduit à la porte d'Aix. Remarquez comme la Durance est resserrée entre les deux rochers du fort de la Beaume, qui servent de culée à une haute arcade, au-dessous de laquelle cette rivière coule avec rapidité. Sisteron est la patrie d'Albertet, poète provençal du treizième siècle, qui mourut d'amour pour la belle marquise Laure de Malespine.

Ce département n'est pas sans attraits pour les amateurs d'antiquités. Près de Sisteron, on lit sur un rocher une inscription portant que Dardanus, et Neva-Gallia, sa femme, ont établi à Théopolis, aujourd'hui le village de Théoux, l'usage des voûtes; au village de Céreste, à cinq lieues de Forcalquier, on voit un pont attribué à César, et un édifice appelé la tour d'Aenobardus. Les environs de la petite ville de *Riez* offrent aussi quelques restes de temples antiques. Mais ces objets ne me paraissent pas assez attrayans pour nous écarter de notre route, d'autant plus que nous aurons occasion d'en voir de beaucoup plus intéressans.

2

DÉPARTEMENT DES BOUCHES-DU-RHONE.

Aix, autrefois capitale de la Provence, aujourd'hui l'une des villes du *département des Bouches-du-Rhône*, fut fondée cent vingt ans avant notre ère par un consul romain, près des sources minérales qu'il avait observées. Elle acquit de l'importance par la suite. L'empereur Tibère y fit élever un temple à Auguste. On y a découvert plusieurs objets d'antiquité dont la plupart sont rassemblés dans les galeries de l'hôtel de ville. Aix est située dans une vaste plaine, près de la rivière d'Arc. Son entrée semble être celle d'un château magnifique, en raison de la grille qui la ferme, et devant laquelle se trouve la route. Elle n'est pas grande, mais les rues en sont belles, droites, bien pavées, et dans quelques quartiers tirées au cordeau; les maisons y sont bien bâties. Au milieu de la cité est un cours magnifique, nommé *Orbitella*, formé de quatre allées d'arbres, et orné de belles fontaines. C'est une des plus charmantes promenades; les autres sont la Rotonde, le Cours de la Trinité, le Cours de Saint-Louis et le Jeu du Mail.

Cette ville, mes enfans, mérite que nous y fassions quelque séjour. Il faut y examiner les monumens. L'annuaire nous indique d'abord la tour de l'horloge, curieuse sous le rapport de la mécanique. Des ressorts mettent en mouvement différentes figures, chaque fois que le marteau fait retentir le timbre. Nous verrons ensuite l'obélisque élevé sur la place des Prêcheurs, porté par des lions, et surmonté d'un aigle; puis la cathédrale, dont le Baptistaire, construit avec les débris d'un temple romain, est un des plus beaux ornemens.

Aix, siége d'une sous-préfecture, compte environ 28,000 habitans. La procession de la Fête-Dieu y attirait autrefois une foule de curieux. C'était un assemblage bizarre de sacré et de profane, de saints du paradis, de diables aux longues cornes, enfin une mascarade ridicule, dans laquelle, suivant un antique usage, figuraient les autorités et le clergé. Cette ville est le berceau de plusieurs hommes célèbres, parmi lesquels on cite le botaniste Tournefort, les deux peintres Vanloo, le médecin Lieutaud, et le poète dramatique Brueys.

Partons pour *Marseille*, vous y trouverez de quoi satisfaire votre curiosité. C'est une ville riche, peuplée et commerçante. Elle est très-ancienne, car elle doit son origine à une colonie de Phocéens. Chef-lieu du département et le siége des autorités, elle réunit tous les avantages d'une capitale. On la divise en vieille ville et ville neuve : la partie la plus belle est la plus proche de la mer. Elle a de beaux édifices, des rues régulières et bordées de trottoirs; on y voit de belles maisons, de riches magasins, un quai magnifique où se pressent des matelots de toutes les nations. Le Cours, la promenade autour du port, l'un des plus beaux du royaume, assez vaste pour contenir douze cents navires, sont autant de choses admirables.

Dans le nombre des édifices dont peut s'enorgueillir cette ville célèbre, vous distinguerez l'hôtel de ville, la halle, la bourse où l'on voit affiché le départ des vaisseaux qui mouillent dans le port. Vous visiterez l'église cathédrale, la plus ancienne des Gaules; celle dite des grands Carmes; la salle de spectacle, une des plus belles de France, la salle du concert, l'hôpital Saint-Victor, les tombeaux antiques, le cloître bâti avec les matériaux d'édifices anciens, sacrés et profanes; l'arsenal, la corderie, la colonne élevée en 1802, en mémoire des secours envoyés par le pape durant la peste de 1720; le lazaret, l'un des plus beaux de l'Europe, enfin le château d'If, ancienne prison d'état, construit sur un îlot d'où l'on découvre toute la ville.

Marseille possède toute espèce d'établissemens d'utilité et d'instruction; je ne m'amuserai pas à vous en faire le détail, mais j'aurai soin de n'en oublier aucun. Les environs de cette cité, dont la population s'élève à plus de 120,000 habitans, sont partout cultivés, plantés en jardins, en vignobles, et couverts de bastides (maisons de campagne), dont le nombre n'est pas éloigné de cinq mille; son territoire est peu fertile, mais c'est une place de commerce qui a mille débouchés pour se procurer le nécessaire et le superflu. Cette ville est la patrie du P. Plumier, botaniste, de Pétrone, poète satyrique, du sculpteur Puget, du littérateur Dumarsais et du conventionnel Barbaroux.

Nous allons maintenant nous diriger vers Arles, et chemin faisant nous visiterons la *Camargue*. C'est une île très-fertile, formée par la mer et les deux bras du Rhône. Elle renferme neuf villages, un grand nombre de maisons de campagne, et près de trois cent cinquante fermes, dont les propriétaires élèvent annuellement quarante mille agneaux, trois mille bœufs, et autant de chevaux qui y paissent jour et nuit. Le sel marin y est en abondance. C'est dans cette île que se trouve la bergerie royale de l'Armillière.

Arles, l'une des métropoles de la Gaule, est peu peuplée, mal bâtie et présente cependant de l'intérêt, en raison de souvenirs et des monumens, reste de son ancienne magnificence. On y voit encore quelques colonnes et deux arcades de son théâtre, une tour du palais de Constantin, un obélisque en granit oriental de cinquante pieds de hauteur, le seul qui existait en France, avant qu'on y eût transporté celui de Luxor. On y trouve aussi des anciens tombeaux, des autels, des statues, et l'on découvre journellement de ces restes précieux. Tous ces objets méritent une attention particulière; c'est là le cas d'employer vos crayons. Nous irons ensuite admirer l'hôtel de ville, magnifique construction du célèbre Mansart, et le pont de bateaux élevé sur le Rhône. Cette ville est renommée pour ses saucissons; on dit qu'ils y sont excellens. Mes enfans, n'oublions pas d'en emporter quelques-uns.

Suivons le cours du Rhône, nous arriverons à *Tarascon*. C'est une petite ville, agréablement située sur la rive gauche du fleuve, vis-à-vis de Beaucaire, avec laquelle elle communique par un pont de bateaux. Elle est dominée par un vieux château fort, ancienne habitation des comtes de Provence. On l'appelle vulgairement le *château du roi René*, et quoique transformé en prison, il fait l'ornement de la ville. De la plate-forme dont il est surmonté, on jouit d'une belle vue sur le bassin du Rhône. Entrons dans l'église de Sainte-Marthe, nous y verrons le tombeau de cette sainte qui est représentée courbée. C'est un monument en marbre fort bien exécuté.

Ce département, arrosé par diverses rivières et plusieurs canaux, renferme une population d'environ trois cent vingt mille habitans; son climat est aussi doux que celui de l'Italie, et Marseille serait sous le plus beau ciel du monde, si des essaims de cousins et de moucherons n'y étaient un véritable fléau, et si le souffle de l'impétueux mistral ne troublait point la douceur de la température.

DÉPARTEMENT DE VAUCLUSE.

La ville dont vous voyez les clochers, qui est située sur les bords du Rhône, à peu de distance de la Durance, c'est *Avignon*, chef-lieu du *département* de *Vaucluse*. Elle est célèbre en raison du long séjour que les papes y ont fait dans des temps de schisme. Elle est grande et belle, située au milieu d'une plaine délicieuse, embellie par des plantations de mûriers, de vergers et de prairies. Ses rues sont étroites et tortueuses, mais garnies de maisons bien bâties; on y voit encore l'hôtel de Crillon, bel édifice gothique, et l'ancien palais apostolique, construit sur le roc de Dom. Vous remarquerez le portail de la cathédrale; on croit qu'il a fait partie d'un ancien temple d'Hercule. On trouve dans cette ville toute espèce d'établissemens publics d'utilité, de bienfaisance et d'instruction; nous les visiterons, mes amis, nous verrons le bel hôpital, le musée de peinture, le cabinet d'histoire naturelle, le jardin des plantes, la bibliothèque, le collège royal, le palais de l'archevêché, la bourse, et nous assisterons à quelques séances de l'académie de Vaucluse.

Avignon, traversée par un des bras de la Sorgues, possède une salle de spectacle, de superbes promenades, de beaux quais sur le bord du fleuve. L'église des Célestins renferme le mausolée du brave Crillon; on y voyait aussi le tombeau de la belle Laure, que l'on a sans doute transporté ailleurs.

Ancienne colonie romaine, Avignon a été successivement possédée par les Bourguignons, les Ostrogots et les Francs. Elle devint ensuite la résidence des papes qui l'occupèrent durant soixante-huit ans, depuis Clément V jusqu'à Grégoire XI inclusivement : achetée par Clément VI de Jeanne, reine de Naples, comtesse de Provence, elle fit partie du domaine pontifical jusqu'en 1791, époque à laquelle elle fut réunie à la France. Cette ville a été le berceau du célèbre Crillon, de la belle Laure, du chevalier Folard, du peintre Vernet, du musicien Mouret, de l'abbé Poule, prédicateur, et de plusieurs hommes qui, par leurs talens, ont honoré la société de Jésus.

Arrêtons-nous à *Apt*, ancienne ville entourée de murs qui passent pour être de construction romaine. Elle n'a de remarquable que son antique cathédrale, dont les chapelles souterraines renferment plusieurs restes d'antiquités. Quand vous en aurez fait la revue, nous gagnerons *Carpentras*, ville entourée de vieilles murailles, et qui serait assez jolie, si ses rues étaient alignées. Vous y verrez avec plaisir la principale église, ancienne cathédrale, ornée de colonnes tirées du temple de Diane que possédait le bourg de Vénasque; le palais épiscopal dans la construction duquel se trouvent les restes d'un arc de triomphe. Mais ce que cette cité renferme de plus curieux, c'est l'hôpital, dont on admire la voûte de l'escalier, et l'aqueduc moderne, composé de quarante-huit arches de trente-six pieds d'ouverture, et de quarante de hauteur. Nous sortirons par la porte d'Orange, qui est surmontée d'une tour fort élevée.

J'ai pensé, mes enfans, qu'avant de quitter Avignon, vous me rappelleriez la fontaine de Vaucluse. Elle est assez célèbre pour que vous n'ignoriez ni son nom, ni le lieu où elle est située. Jusqu'ici je n'en ai pas parlé parce que sachant qu'elle est à une distance égale d'Avignon, d'Apt et de Carpentras, nous serions toujours à temps pour y aller. Mettons-nous en marche, la chose en vaut la peine. C'est une des plus belles sources que l'on connaisse en Europe. Elle sort d'une caverne vaste et profonde, ouverte en arcade, auprès d'une montagne à pic qui termine, au sud, le vallon étroit et tortueux dont le nom latin signifie *vallée close*. Au-dessous, et vers le milieu de la caverne est un figuier dont l'âge est inconnu, et qui s'élève comme pour servir à mesurer les eaux de la fontaine. Lorsqu'elles sont à leur plus grande élévation, ce qui a lieu à l'équinoxe du printemps, époque de la chûte des neiges, elles baignent les racines de l'arbre; la voûte disparaît, et la surface tranquille de l'eau occupe un large entonnoir dont les bords, presque circulaires, ont environ soixante pieds de diamètre.

Au mois d'octobre, au contraire, les eaux arrivées à leur plus grand abaissement sont dominées, à quarante pieds de hauteur, par les bords du bassin. La voûte de l'antre se montre dans toute sa majesté et laisse voir un lac dont l'étendue se perd dans l'obscurité la plus profonde. La pente de l'entonnoir permet alors de descendre, avec de grandes précautions, jusqu'à la surface de cette masse d'eau limpide, qui remplit un abîme dont on n'a point encore pu mesurer le fond. De vastes canaux souterrains, placés au-dessus, indiquent les issues par lesquelles aboutissent les eaux que produit la fonte des neiges.

Au-dessus des bassins, on voit une vingtaine de torrens se précipiter avec fracas en double cascade, dont les flots écumeux bouillonnent au milieu des rochers en produisant continuellement le bruit du tonnerre, et forment la rivière de *Sorgues* qui tout à coup susceptible de porter bateau, fait mouvoir plusieurs papeteries. Sur le bord du bassin de la fontaine, l'académie de Vaucluse a fait ériger, en 1809, une colonne majestueuse avec cette inscription : à Pétrarque.

Les rochers nus qui entourent la cascade, les masses pyramidales qui s'élèvent à droite et à gauche, les vastes pelouses qui garnissent les pentes voisines, le vieux château crénelé, regardé comme la demeure de Pétrarque, et bâti au haut d'un roc sur la rive gauche de la Sorgues, la belle verdure des arbres qui croissent sur ses bords, le joli village de Vaucluse, les échos prompts à répéter les noms de Pétrarque et de Laure, à la voix de ceux qui se plaisent à les prononcer, invitent à parcourir cette vallée romantique. Vous serez charmés, mes enfans, de voir cette fontaine; examinez-en avec attention tous les détails, elle est vraiment curieuse, et vous y trouverez bonne compagnie, car sa célébrité y attire beaucoup de monde de la France et des pays étrangers.

Orange sera la dernière ville intéressante que nous aurons à voir dans ce département. Elle est située dans une belle plaine arrosée par plusieurs rivières, et renferme des restes de monumens antiques, parmi lesquels on remarque le cirque sur la montagne, et un arc de triomphe érigé en mémoire de la victoire remportée par Marius sur les Cimbres. Ce département composé de l'ancien comtat d'Avignon, de la principauté d'Orange et d'une partie de la Provence, renferme environ 225,000 habitans. La chaleur du climat le rend propre à la culture de la soie, du safran, de la garance et des olives ; on y trouve une infinité d'autres productions, mais qui ne lui sont pas particulières.

Les départemens que nous venons de parcourir sont composés de la contrée précédemment désignée sous le nom de Provence. Ses habitans qu'on appelle Provençaux ont un esprit subtil, fin et pénétrant, surtout une grande vivacité que vous avez pu remarquer. Ils sont en général passionnés, ardens dans leurs désirs, brusques, emportés. On leur reproche avec raison d'être paresseux, mais ceux qui sont venus à bout de vaincre cette paresse, engendrée par la douceur du climat sous lequel ils vivent, sont pleins d'un feu qui s'étend à tout, à la fortune, au plaisir, à la gloire. On les accuse d'être inconstans et volages, mais on ne saurait leur contester le courage, la bravoure, un attachement sincère pour la patrie, un zèle pur et un amour inaltérable pour le souverain. Quelques vieux auteurs les représentent comme des hommes vindicatifs, intéressés et peu susceptibles de sentimens délicats. C'est que les Provençaux de ce temps-là différaient probablement de ceux d'aujourd'hui. Le progrès des lumières, une éducation polie, plus saine et mieux dirigée les auront corrigés de ces vices qui vraisemblablement n'ont jamais été bien communs chez eux. On remarque bien encore dans les campagnes des traces de la brutalité provençale. Le paysan y a la parole dure comme le regard, et l'action comme la parole. Cependant sous ces physionomies rudes et peu prévenantes, on est souvent étonné de trouver de la probité, de la franchise, et de la douceur dans le caractère.

La dureté n'est pas dans tous les cœurs, quoiqu'elle soit sur presque toutes les physionomies.

DÉPARTEMENT DE LA DROME.

Passons dans le *département* de la *Drôme*. La petite ville de *Nyons*, située sur les bords de la rivière de l'Aigues, ne nous offrirait rien à voir sans le pont qui est un ouvrage des Romains. Nous ne nous y arrêterons que très-peu de temps. Nous ferons une marche de huit lieues, et nous ferons une station à *Montélimart*; c'est une jolie ville, située au confluent des rivières de Jabron et de Roubillon, près du Rhône. Elle est entourée de murailles, bordée de boulevards, et traversée par plusieurs canaux qui alimentent quelques manufactures, et pourraient en alimenter un plus grand nombre. Elle est dominée par une ancienne citadelle, environnée de prairies, de plaines fertiles, et de côteaux qui produisent d'excellens vins. Ce dernier article est fort important pour les gourmets, mais très-peu pour de jeunes voyageurs comme vous. Nous ne serons pas plus heureux à *Die*, autre petite ville renommée pour son vin muscat et sa clairette,

Elle est cependant agréable par sa position sur la droite de la Drôme, au milieu d'une belle vallée formée par deux chaînes de montagnes auxquelles appartiennent au nord le mont Embel, et au sud le mont Volvent.

Valence nous dédommagera peu du temps que nous avons perdu. C'est une ville ancienne, entourée de murailles, et dans une situation riante sur la rive gauche du Rhône. C'est la plus considérable et la plus intéressante de ce département, la résidence du préfet et le siége des autorités. Ce chef-lieu, bâti avec peu de régularité, dépourvu de ces places qui font l'embellissement d'une ville, est d'une moyenne grandeur. Néanmoins on y voit de beaux édifices, tels que la cathédrale, où l'on admire le beau mausolée élevé par le célèbre Canova à la mémoire de Pie VI, qui termina ses jours dans cette ville en 1798 ; le palais épiscopal et le bâtiment appelé *le gouvernement*. Nous irons voir la citadelle qui mérite d'être visitée, ne fût-ce que pour y jouir de la perspective qui s'offre à l'œil, en suivant le cours du Rhône, ou en se dirigeant à l'ouest vers les montagnes du Vivarais. Valence a donné naissance au général Championnet.

On ne compte que quatre lieues de Valence à *Romans*; c'est une promenade, allons-y à pied. C'est une ville charmatne, bâtie dans une belle plaine, sur la rive droite de l'Isère. Nous nous y reposerons, après avoir vu sur la route des mûriers, des amandiers, des châtaigniers, de riches prairies et de gras pâturages. Nous rencontrerons peut-être des chamois, des bouquetins ou des ours échappés des montagnes; ces animaux sont assez communs dans ce pays. La population de ce département s'élève à 273,600 habitans.

DÉPARTEMENT DES HAUTES-ALPES.

La première ville du *département des Hautes-Alpes* dans laquelle nous entrerons, est *Gap* dont le nom atteste l'origine antique; ruinée par les Lombards, par les Arabes et par plusieurs tremblemens de terre, c'est sur les décombres de ses anciennes constructions qu'elle s'élève aujourd'hui. En creusant à une grande profondeur, on retrouve des débris d'une ancienne splendeur. Ravagée par la peste, ruinée par l'édit de Nantes qui a chassé de France un grand nombre de protestans; incendiée en 1692, lorsqu'elle fut prise par le duc de Savoie, sa population est réduite à moins de moitié de ce qu'elle était alors.

Gap est située agréablement dans une vallée fertile et profonde, entourée de montagnes arides. Les maisons y sont mal bâties, plus mal distribuées, les rues mal pavées et généralement étroites. Les seuls édifices remarquables sont l'hôtel de ville, le palais de justice et la cathédrale, où l'on admire le superbe mausolée de Lesdiguières, exécuté en albâtre par Jacob Richier. Nous verrons, en parcourant les environs de cette ville, plusieurs lacs, dont l'un, celui de Pelhotiers, offre une particularité que les habitans ne manquent pas de faire remarquer aux étrangers. C'est une masse de tourbe détachée du marais voisin, et qui se balance continuellement à la surface de l'onde; on la nomme dans le pays *la motte tremblante*. Quand on est placé dessus, on peut, à l'aide d'une rame appuyée contre un terrain solide, la faire tourner dans tous les sens. Gap est le chef-lieu du département, la résidence du préfet, et le siége d'un évêché. On y trouve une bibliothèque publique, un musée de peinture, un cabinet d'histoire naturelle et un théâtre. La promenade est fort jolie.

Quand vous aurez vu tout cela, mes amis, nous gagnerons *Embrun*, qui n'est distante de Gap que de huit lieues. Cette ville est bâtie sur la plate-forme d'un roc escarpé, au pied duquel coule la Durance ; on dit que c'est une des plus élevées de l'Europe. Elle renferme quelques édifices qu'il est bon de voir. Ce sont d'abord la cathédrale, dont la construction remonte au règne de l'empereur Charlemagne, et lui est attribuée, le palais de l'ancien évêché qui domine tous les quartiers ; ensuite la citadelle et les casernes.

Vous étiez fatigués hier, je m'en suis aperçu, et nous sommes rentrés de bonne heure. Achevons de visiter ce qui nous reste à voir, puis nous nous mettrons en route pour arriver ce soir à *Briançon*. C'est une ville qui n'a de remarquable que ses environs qui sont charmans ; mais sa position inexpugnable mérite une attention particulière. Elle est défendue par sept forts qui commandent aux vallées, et même aux grandes routes par lesquelles on peut en approcher. La Durance, torrent fougueux, coule au fond d'un précipice de cent soixante pieds de profondeur qui la sépare des travaux faits en partie dans le roc ; un pont d'une seule arche de cent vingt pieds d'ouverture, jeté sur cet abîme, sert à communiquer de la forteresse à la ville. Le territoire de Briançon produit en été de la manne; c'est un suc blanc, doux et purgatif. Il renferme aussi des cristaux de roche, dont la dureté égale celle des pierres précieuses, et dont on fait des vases admirables.

Ce département dit des Hautes-Alpes, parce que c'est la partie la plus élevée des Alpes du côté de la France, compte environ 125,500 habitans; mais il s'y fait chaque année, ainsi que dans le département des Basses-Alpes, une émigration plus ou moins considérable de colporteurs, de peigneurs de chanvre, d'aiguiseurs de couteaux, etc.; qui parcourent la France.

Les habitans des Alpes, hautes et basses, sont bons, économes, courageux, patiens. Les mœurs, parmi eux, sont encore dans toute leur pureté, et l'humanité y est plus fervente qu'ailleurs. Dans les environs de Briançon, les veuves et les orphelins ont le droit de faucher leurs prairies avant celles des autres propriétaires, et d'avoir des ouvriers pour les travaux champêtres, sans autre rétribution que la nourriture.

S'ils ont une maison à bâtir ou à réparer, tous les habitans, sur le seul avis du maire, s'empressent d'aider au transport des matériaux. S'ils perdent une pièce de bétail dans un pâturage, la perte est supportée par tous, selon leurs facultés; et nul ne se refuse à payer sa part de cette cotisation. Il serait à désirer que des usages, aussi avantageux aux individus peu favorisés de la fortune, fussent plus communément répandus; on verrait beaucoup moins de misérables.

DÉPARTEMENT DE L'ISÈRE.

Grenoble est la première ville que nous visiterons dans le *département de l'Isère*; elle est ancienne et belle, située dans une plaine fertile, au pied d'un chaînon des Alpes occupé par des vignes à sa base, et par des forêts et des pâturages jusqu'à son sommet. Cette cité, dont les remparts élevés en terrasse dominent une plaine couverte de vergers et de prairies, est traversée par l'Isère qui la divise en deux parties inégales, et reçoit le Drac à peu de distance. Ces deux rivières ou torrens sont souvent le fléau des environs, et ont menacé plusieurs fois la ville de sa ruine.

La partie la moins considérable de Grenoble est celle que l'on nomme la Perrière ou Saint-Laurent; resserrée entre la rive droite de l'Isère et le pied de la montagne, elle consiste en une seule rue qui lui donne l'air d'un faubourg. L'autre partie, que l'on peut considérer comme la ville proprement dite, est assez grande, bien percée, mais mal bâtie : c'est ce que l'on appelle le quartier de *Bonne*. On y remarque la maison qu'occupait le connétable Lesdiguières, qui sert aujourd'hui d'hôtel de ville, le palais de justice qui, par son architecture délicate et gothique, orne la place Saint-André, l'église cathédrale, édifice gothique, mais d'une architecture légère que la main du temps et le vandalisme ont respectée; enfin le palais épiscopal, et la bibliothèque publique où se trouvent des manuscrits précieux. Voilà, mes amis, ce que vous aurez à voir et à apprécier dans ce chef-lieu du département. Vous y aurez aussi une salle de spectacle et des promenades assez jolies; mais ce qui vous intéressera peut-être davantage, ce sont les statues du brave Bayard, chevalier sans peur et sans reproche; du célèbre mécanicien Vaucanson, des littérateurs Condillac et Mably, qui sont nés dans cette cité, qui est aussi la patrie de madame de Tencin, de madame Louise Sermène et du poète Gentil-Bernard.

Quand vous aurez bien vu la ville, et tout ce que je vous ai détaillé, nous irons visiter les environs qui offrent un égal intérêt, quoique d'un genre différent. Par exemple, au bas de la montagne qui s'élève à l'ouest de Grenoble, nous verrons le bourg de *Sassenage* renommé par ses bons fromages. On y remarque deux grottes que la crédulité populaire avait anciennement rendues célèbres, parce qu'elles renferment deux petites excavations cylindriques, appelées les *cuves de Sassenage*, qui se remplissaient spontanément d'eau, dont la hauteur plus ou moins grande faisait présager l'abondance ou la pénurie des récoltes. Depuis que, dans ces grottes d'ailleurs fort curieuses, l'imposture ne trafique plus de l'ignorance et de la crédulité, elles sont moins visitées, mais elles n'en sont pas moins dignes de l'être. On y parvient par un sentier difficile; après avoir franchi l'entrée large et haute de vingt-cinq pieds, on se trouve dans une espèce de vestibule dont la profondeur et la hauteur ont plus de quarante pieds sur soixante-dix de largeur; il aboutit à plusieurs cavernes. Le torrent de *Germes* sort de la plus considérable, en formant une belle cascade, dont le bruit retentit dans ces cavités souterraines.

Ce dont je viens de vous entretenir, mes enfans, ce n'est rien en comparaison de la *Grande-Chartreuse*, monastère fameux, regardé autrefois comme capitale de l'ordre qui fut fondé en 1084 par saint Bruno, et qui, au lieu de prendre le nom de son fondateur, prit celui du village de *Chartrouse*, situé près de la vallée qu'occupe le désert où ce pieux solitaire établit sa retraite, et le couvent que ses disciples y construisirent.

La Chartreuse, fermée aux deux extrémités par une gorge tracée au milieu de déchirures presque verticales, couvertes de ronces et de sapins, offre une entrée extrêmement difficile. Il faut, si on veut la visiter au printemps, braver à chaque pas des rochers énormes à peine soutenus sur d'autres rochers qui se perdent dans les nues, surmonter l'horreur qu'inspirent des précipices de plus de quatre cents pieds de profondeur perpendiculaire, des torrens dont le fracas étouffe la voix des guides et le cri des animaux ; enfin le passage étroit tracé sous la cascade du *Guiers-Vif*, et sur le talus glissant d'un roc énorme qui sépare la chûte de cette masse d'eau de l'abîme au fond duquel elle se précipite. Ces difficultés, presque insurmontables après la fonte des neiges, cessent ordinairement pendant la saison de l'été. A la fatigue d'un chemin tortueux, encombré de cailloux et de rochers qu'il faut éviter ou franchir, succède l'obscurité d'une forêt de sapins qu'on traverse en s'élevant constamment, avant d'apercevoir le monastère. Mais bientôt on commence à descendre, la vallée s'élargit, la forêt devient moins épaisse, les sapins cessent de garnir la montagne, et l'on se trouve au milieu de la région des hêtres qui, moins rapprochés, permettent d'apercevoir la Grande-Chartreuse.

L'aspect de cet édifice d'une architecture simple, noble et solide, entouré par des prairies et par la forêt, inspire un profond recueillement. L'église, placée au milieu du bâtiment, est fort belle ; la bibliothèque est superbe, et fournie d'un grand nombre de bons livres. La grande salle où se réunissaient chaque année les généraux de l'ordre, et le réfectoire, tapissés de leurs portraits, ainsi que de ceux de leurs prédécesseurs, sont des pièces magnifiques; le corps du bâtiment a près d'une lieue de circonférence. Rebâti à neuf, depuis environ quarante-cinq ans, ses murs furent respectés à l'époque de la destruction des maisons religieuses. Le peuple de ces montagnes n'oublia point les bienfaits que les successeurs de saint Bruno répandaient sur les malheureux, le nombre de bras qu'ils occupaient, les services qu'ils rendaient à l'agriculture, en transformant en prairies et en champs fertiles une partie de leur désert; en conservant, par des coupes sagement réglées, les forêts qui couvrent les montagnes, et en peuplant de bestiaux les vallons qui les séparent.

Rétablis dans leur antique domaine, si les Chartreux n'ont plus l'influence qu'ils avaient acquise par leurs richesses, ils ont conservé l'ascendant que leur donnent les vertus rigides qu'ils pratiquent constamment, et l'art qu'ils ont de se rendre utiles. Vous verrez au pied d'un rocher la cellule de saint Bruno, qui a été convertie en une chapelle. C'est là que vivait ce pieux solitaire, se nourrissant d'herbes et se désaltérant à un filet d'eau qui coulait près de lui.

Autour de la maison sont des ateliers de menuiserie et de corderie superbes. Le four, les greniers et les caves où sont renfermées les provisions, sont véritablement intéressans par l'ordre dans lequel chaque objet est distribué. On remarque dans les greniers un tamis d'une invention singulière, qui sépare quatre sortes de grains en même temps.

Hors les momens de conversation qui sont déterminés par la règle, il règne, dans cette espèce de Thébaïde, un silence imposant qui pénètre l'âme d'une frayeur religieuse, et la remplit tout à la fois d'une joie douce, pure et tranquille qui lui avait été jusqu'alors inconnue. Mais les jours de récréation, ces pieux solitaires se rendent tous dans un même endroit, ils traversent la cour, la robe retroussée, le bâton à la main, sans se dire un seul mot, et dès qu'ils sont arrivés à ce rendez-vous général, ils s'embrassent, se parlent et vont se promener dans les vallons et les rochers qui environnent leur monastère.

Grenoble et ses environs nous ont occupés assez long-temps; ainsi nous laisserons de côté *Saint-Marcellin*, très-petite ville qui ne mérite pas qu'on s'y arrête, et nous serons plus tôt rendus à *Vienne*, ville ancienne, célèbre et importante. Elle est resserrée entre la rive gauche du Rhône et des collines qui se présentent en amphithéâtre. La rivière de Gère qui l'arrose fait mouvoir, dans son cours, des martinets, des laminoirs, des machines à tisser et à tondre les draps. Cette ville autrefois formée de rues sales et tortueuses, de maisons mal bâties, tend chaque jour à s'embellir par de nouvelles constructions faites avec goût. La façade moderne de l'hôtel de ville décore sa principale place; l'ancienne cathédrale, beau monument gothique, est surtout remarquable par son portail et sa nef. Vienne possède encore divers édifices et monumens qui méritent d'être visités, et parmi lesquels vous remarquerez l'église de Saint-André-le-Bas, qui est d'une très-belle architecture; celle de Notre-Dame-de-la-Vie, que l'on présume avoir été un prétoire romain; la plate-forme qui, sous le nom de table ronde, était jadis un asile pour les débiteurs; le temple dédié à Auguste, et quelques restes d'un cénotaphe, d'un aqueduc, d'un théâtre et d'un amphithéâtre.

C'est dans cette ville que se tint, l'an 1311, un concile qui fut assemblé par Clément V, le premier des papes qui siégea dans Avignon. Le roi de France, Philippe-le-Bel, et les rois d'Angleterre et d'Arragon y assistèrent. La fête du Saint-Sacrement, communément appelée la Fête-Dieu, y fut instituée, et l'ordre des Templiers abolis.

Ce département, qui compte 525,000 habitans, est principalement arrosé par le Rhône et par l'Isère dont il tire son nom. Il faut avant d'en sortir faire une excursion vers le village de *Notre-Dame-de-la-Balme*, près duquel on voit une caverne célèbre, dont l'entrée est transformée en une chapelle dite de la Vierge, et dont l'intérieur se compose de plusieurs salles ornées de stalactites du plus bizarre effet, de cascades, de canaux et d'un petit lac sur lequel on se promène en bateau, à la clarté des flambeaux, comme si cette grotte était l'entrée des enfers.

DÉPARTEMENT DE L'ARDÈCHE.

Le département dans lequel nous allons entrer, riche en curiosités naturelles, est moins bien partagé quant aux villes et à la population. *Annonay*, que nous verrons d'abord, simple chef-lieu de canton, compte 6,000 habitans, et c'est la ville la plus peuplée, sans doute en raison du grand nombre d'ouvriers qu'emploient ses nombreuses et superbes fabriques de papiers. C'est dans ses murs que sont nés l'aéronaute Montgolfier, et le vertueux Boissy d'Anglas. Deux monumens y ont été élevés à la mémoire de ces hommes célèbres.

Tournon, sur la rive droite du Rhône, est bâtie sur la pente d'une montagne, vis-à-vis de Tain, avec lequel elle communique par un pont en fil de fer de deux travées, ayant chacune cent vingt-cinq pieds. Ce n'est qu'une très-petite ville, où nous ne nous arrêterons que pour voir un ancien château des ducs de Soubise qui sert aujourd'hui de prison, et un beau pont d'une seule arche, sur la rivière du Doux.

Le chef-lieu, le siége des autorités, renferme à peine 3,600 habitans; son nom est *Privas*. On y voit cependant des objets remarquables; de grandes et belles prisons, l'hôtel de la préfecture dont le parc et les jardins anglais sont très-beaux; *Aubenas* et *l'Argentière* méritent à peine d'être citées.

Allons donc voir les curiosités naturelles. Commençons par le *cratère de Saint-Léger*, qui tient à la montagne du même nom.

C'est un volcan peu connu, mais ressemblant aux plus célèbres phénomènes de ce genre. Il présente une enceinte circulaire, formée par des roches de granit disposées en amphithéâtre et terminées en pic. L'intérieur offre des plaines cultivées, et des nappes d'eaux minérales. Ses laves sont baignées par les eaux de l'Ardèche près des bords de laquelle il s'exhale, comme de la Grotte du Chien, aux environs de Pouzzole, une grande quantité d'acide carbonique.

Nous verrons ensuite la *chûte de l'Ardèche*, vaste cataracte formée par des rochers, près de la cascade appelée le *Ray-Pic*. Cette chûte a lieu de cent vingt pieds de hauteur, et le bruit que font les eaux, en s'engouffrant dans le bassin qu'elles ont creusé, est tel qu'on l'entend de plusieurs lieues de distance. L'hiver, l'eau du bassin se gèle, et la glace s'élève à mesure que le froid augmente et se prolonge. Souvent cette glace monte jusqu'au sommet; alors l'Ardèche tombe dans son bassin comme par un tube, et cet immense édifice détruit, en s'écroulant, tout ce qu'il rencontre.

Le *pont d'Arc*, sous lequel coule l'Ardèche, n'est pas moins curieux. Il est formé d'une arche à plein cintre, de soixante mètres de largeur, et de vingt-cinq à trente de hauteur, percée dans un rocher calcaire qui coupe transversalement une vallée délicieuse et romantique. Quelques géographes ont représenté ce pont comme le résultat d'une rupture faite dans la roche par les eaux de l'Ardèche, et terminée par la main de l'homme. Il est certain qu'il est l'ouvrage de la nature seule, et que nul individu n'a travaillé à le perfectionner.

La *grotte* des environs du bourg de Vallon, située à quelques lieues du pont d'Arc, est une des plus belles que l'on puisse voir. On ne parvient à ses plus grandes cavités qu'avec des peines extrêmes, parce que les passages qui y conduisent sont fort étroits. Cette grotte est remarquable par la bizarrerie et la variété de ses stalactites.

Mes enfans, nous nous reposerons aujourd'hui. Demain nous reprendrons nos courses, et nous irons voir les *rochers de Ruons*, sur la rive gauche de l'Ardèche; ils vous étonneront par leurs formes pyramidales. C'est un assemblage de pics tellement singuliers, qu'on le prendrait pour une ville en ruines. Ces pics, dont chacun fait corps avec sa base, sont entremêlés de chênes majestueux, dont les racines s'ouvrent un passage entre les quartiers du roc.

Delà nous gagnerons le *gouffre de la Goule* situé dans un bassin d'environ sept lieues de circonférence, formé par les montagnes d'Uségé. Au milieu de ce bassin est un précipice dont on ignore la profondeur, et qui reçoit, comme dans une gueule, sept ruisseaux qui, après avoir serpenté doucement, viennent tout à coup s'y engloutir, pour couler ensemble sous des chaînes de montagnes, et reparaître ensuite près du pont d'Arc.

Il ne nous restera plus à voir que *le mont Tanargues* qui est d'un aspect effrayant. Il ressemble à un groupe de montagnes entassées, et toujours sur le point de perdre l'équilibre. La rivière de Borne s'engouffre en plusieurs endroits dans ses profondes cavités et porte, par son fracas, la terreur dans l'âme la plus intrépide.

La population de ce département ne s'élève qu'à 304,350 habitans.

DÉPARTEMENT DE LA HAUTE-LOIRE.

Limitrophe du département de l'Ardèche, et traversé par les mêmes chaînes de montagnes, celui de la *Haute-Loire* offre les mêmes phénomènes volcaniques, des sites aussi sauvages, et des beautés analogues, mais l'on y trouve à peine une ville importante. La plus remarquable est *Le Puy*, bâtie en amphithéâtre sur le mont Anis, près des rivières de la Borne et de la Loire. Cette ancienne capitale du Vélay, aujourd'hui chef-lieu du département et résidence du préfet, est dans une situation tout-à-fait pittoresque, et assez bien percée. Mais les rues en sont tellement escarpées qu'on n'y entend jamais le bruit des voitures. La lave dont on les pave, et dont on construit aussi les maisons, donne à cette ville un aspect sombre et triste. Une promenade superbe dédommage un peu les habitans.

Avant de quitter cette cité, visitons le rocher de Saint-Michel, dominé par une église à laquelle on monte par un escalier de deux cent soixante marches taillées dans le roc. Dans la partie la plus élevée se trouve la cathédrale, au portique de laquelle on arrive par un immense perron de cent dix-huit degrés. Cet édifice, par sa situation, son architecture et la hauteur de son clocher pyramidal, est un des plus majestueux monumens gothiques de l'Europe. Sa façade est ornée d'une espèce de mosaïque, et son intérieur est une grande chapelle dont la voûte est la réunion de plusieurs coupoles. Ce qu'il offre de plus curieux est l'image miraculeuse de la Vierge, petite statue en bois de cèdre, que l'on croit avoir été sculptée par les chrétiens du Mont-Liban, et qui fut rapportée de l'orient au huitième siècle. C'est dans l'église des dominicains que se trouve le tombeau de Duguesclin, qui en fait le plus bel ornement.

Le Puy a donné naissance au cardinal de Polignac, auteur du poëme de l'Anti-Lucrèce, et au sculpteur Julien. Dans les environs que les amateurs d'antiquités ne manquent pas de visiter, on voit à Polignac, au milieu des ruines de son château construit sur celles d'un temple d'Apollon, la tête de ce dieu, sculptée sur un disque de marbre blanc qui recouvre l'ouverture du puits d'où paraissait sortir la voix prophétique du dieu gaulois.

Craponne, *Yssengeaux* et *Brioude*, trois petites villes de ce département dont la population ne s'élève qu'à 277,000 âmes, n'offrent rien d'assez intéressant pour nous y arrêter ; mais les phénomènes volcaniques que présentent les montagnes sont autant d'objets de curiosité. Voyons d'abord *le mont Mézin;* c'est un colosse d'origine ignée, qui s'élève à huit cents mètres au-dessus de sa base granitique, et laisse voir de magnifiques colonnades de basalte. Les volcans éteints, appelés le Tartas ou le Tartare, les Infernaux ou les Enfers, et le Mouns-Cahou, ou Mont-Chaud, sont les principaux de ceux qui s'étendent sur la même ligne que le Mézin. Les rochers volcaniques n'offrent en général que des courans coupés par des rivières. Des amas de scories s'élèvent quelquefois en cône sur les masses basaltiques. L'un des plus remarquables est celui du bois de Bard, près d'Allègre; il s'élève à onze cent cinquante mètres, et sa cîme tronquée présente encore les traces d'un lac aujourd'hui desséché.

On regarde aussi comme un cratère l'emplacement qu'occupe le lac du Bouchet, entouré de quatre montagnes de scories. Il a trente mètres de profondeur et neuf cents de diamètre. Mais ce que les feux souterrains ont produit de plus remarquable dans ce département, c'est le rocher bizarre de Corneille qui s'élève comme un énorme cube aux environs du Puy; celui de Polignac couvert des ruines d'un ancien château; celui de Saint-Michel qui a l'apparence d'une tour arrondie, et la Roche-Rouge, pyramide volcanique de plus de cent pieds de hauteur, entourée d'une ceinture de granit rougeâtre de sept pieds d'élévation, et retenant dans sa masse des blocs granitiques qui hérissent sa surface depuis la base jusqu'à la cîme; exemple curieux du mouvement de bas en haut de certains produits des antiques feux souterrains.

DÉPARTEMENT DE LA LOZÈRE.

Une chaîne de montagnes, dont la plus élevée est celle de la *Lozère*, a donné son nom au *département* que nous allons visiter. Si les villes ne sont pas assez considérables pour que nous y fassions une longue station, nous ne ferons qu'y passer. Voyons d'abord *Langogne*; sa situation près de la source de l'Allier, et sur la rive gauche de l'Angoueron, est assez agréable. Marvejols, détruite par le duc de Joyeuse et rebâtie par Henri IV, est une jolie petite ville, placée dans un beau vallon sur la Solage. Ses rues sont larges et bien percées, mais elle n'a rien de remarquable. On peut en dire autant de *Florac*, située dans une vallée étroite sur la gauche du Tarnon.

Partons pour *Mendes*, c'est le chef-lieu ; nous y trouverons sans doute quelque objet assez intéressant pour nous dédommager du temps que nous avons perdu. Cette ville, placée au centre du département, est avantageusement située sur la rivière de Lot, dans un vallon rafraichi par un grand nombre de ruisseaux dont les eaux sont heureusement distribuées, et arrosent les maisons de plaisance ainsi que les jardins d'alentour. La ville est entourée d'un petit boulevard. Ses rues sont mal percées, mais arrosées par plusieurs fontaines qui les rendent extrêmement propres. Nous y trouverons une bibliothèque publique et un théâtre où le spectacle n'a lieu que quand il y passe des comédiens ambulans. Vous y examinerez la cathédrale dont les clochers étonnent par la hardiesse de leur construction. Dans une des salles de l'hôtel de la préfecture est une galerie de tableaux peints par Bernard, et sur les places sont de belles fontaines ; enfin vous verrez, sur la pente de la montagne qui domine la ville, l'ermitage de Saint-Prévost, à cent toises de hauteur perpendiculaire. C'est dans les environs de cette ville qu'est né le pape Urbain V.

Ce département est traversé du sud-est au nord-est par les montagnes de la Margeride, et les monts d'Aubrac s'y divisent en trois branches principales. L'Allier, le Lot et le Tarn y prennent naissance. De nombreuses cascades les embellissent, et des sites sauvages y attestent des feux souterrains. Ici, sur le Tarn, le Pas de souci est formé de deux montagnes rapprochées à leurs sommets, et qui semblent attendre que le génie de l'homme les réunisse en y formant un pont; là, les eaux s'engouffrent entre deux énormes rochers, l'Aiguille et le Roc-Sourde, et repoussées par ces digues, elles reprennent leur cours, en faisant retentir les airs d'un long mugissement. On compte dans ce département 139,000 habitans.

DÉPARTEMENT DU GARD.

Sur le versant oriental des Cévennes naissent trois ruisseaux appelés *Gardon* : le Gardon *d'Anduse*, celui de *Mialet*, et celui *d'Alais*, qui portent les noms des principaux lieux qu'ils traversent. De leur réunion se forme le *Gard*, rivière qui a donné son nom au *département* que je me propose de vous faire parcourir. Nous débuterons par *Alais*, arrosée par le Gardon de son nom, laquelle remonte à une très-haute antiquité. Cette ville qui a beaucoup souffert des dragonnades sous le règne de Louis XIV, est bien bâtie et bien peuplée. A deux lieues sud-ouest d'Alais est la petite ville d'*Anduse* sur le Gardon. C'est entre cette cité et Saint-Hippolyte que Florian a reçu la naissance.

Près du bourg de Rémoulin, les flots impétueux du Gard retentissent au milieu d'une gorge étroite et solitaire que traverse le vieux pont, magnifique aqueduc romain, qui servait à conduire les eaux de la fontaine d'Aure à la Naumachie de l'ancienne Nemausus. Composé de trois rangs d'arcades, il occupe une étendue de six cents pieds, et s'élève à la hauteur de cent soixante. C'est un des monumens antiques les mieux conservés. Considérez-le, mes amis, sous toutes ses faces; ne vous donne-t-il pas une haute idée du génie des anciens Romains?

Dirigeons-nous vers *Uzès*; c'est une petite ville située sur l'Eugène au milieu des montagnes. Nous y verrons quelques édifices importans, tels que la cathédrale dont la tour, qui lui sert de clocher, est d'un bon goût quoique gothique; le palais épiscopal,

Pont du Gard bâti par Adrien.
Pag. 56.

Maison carrée de Nismes bâtie par
Marc-Aurèle. Pag. 59.

moins pour sa construction particulière, qu'à cause d'une terrasse dont la vue s'étend au loin dans une plaine fertile et riante, et un ancien château dont le bâtiment est vaste et noble, mais massif et garni de grosses tours. Uzès est la patrie du savant Abauzit, de Marsolier, de Coste, etc.

Visitons maintenant la partie de ce département qui s'étend le long du Rhône, c'est la plus intéressante. À l'extrémité septentrionale nous trouverons d'abord *Pont-Saint-Esprit*, ville située sur la rive droite de ce fleuve, dans un canton qui, bien qu'un peu sec et montagneux, n'en est pas moins fertile et agréable. Nous verrons une citadelle à six bastions construite sous le règne de Louis XIII, et, ce qui est plus digne de remarque, le beau pont de deux mille cinq cent vingt pieds de longueur, commencé sous saint Louis et terminé sous Philippe-le-Bel; c'est un ouvrage admirable. C'est le seul qui ait résisté à la rapidité du Rhône dont les plus terribles débordemens n'ont pu l'ébranler : il est un peu étroit en raison de sa longueur, et il est soutenu par vingt-six arches.

A deux lieues de Pont-Saint-Esprit est la petite ville de *Bagnols* sur la rivière de

Cèze qui roule dans son sable des paillettes d'or. Les rues en sont étroites, les maisons assez mal bâties, mais la grande place est superbe. On voit au milieu de la ville deux fontaines qui sortent de terre, et donnent une grande abondance d'eau très-claire et excellente à boire. On y a fait un bassin où commence un canal au moyen duquel les eaux sont conduites hors de la ville, pour que chacun puisse les employer à arroser ses terres. Bagnols est la patrie de Rivarol.

En descendant le Rhône on trouve *Roquemaure* sur la rive droite du fleuve; c'est dans cette ville que mourut le pape Clément V. *Villeneuve-les-Avignon*, autre petite ville sur le Rhône, n'offre rien à la curiosité; mais elle est, ainsi que Roquemaure, avantageusement placée pour le commerce auquel se livrent les habitans.

Jusqu'ici, mes enfans, vous n'avez vu dans ce département que des villes du moyen ordre. Bientôt nous saluerons *Nîmes*, ville grande, belle et florissante, et située dans une plaine des plus agréables et des plus fertiles. Elle remonte à la plus haute antiquité, et sa fondation est attribuée aux Phocéens d'Ionie. Aujourd'hui chef-lieu de préfecture, siége d'un évêché, résidence d'une cour royale, elle renferme des sociétés savantes, des établissemens d'instruction dans tous les genres. Nîmes n'a de rues droites et des maisons bien bâties que dans ses faubourgs. Resserrée dans une enceinte étroite, on n'y respire un air pur qu'à l'ombre des arbres qui garnissent les boulevards et l'esplanade. Le palais de justice, dont l'élégance intérieure répond à la beauté de la façade, est l'ornement de cette belle promenade. Sur un autre boulevard embelli par plusieurs constructions modernes, on distingue le bâtiment de l'hôpital et la salle de spectacle. La cathédrale n'a rien de remarquable, mais elle renferme les tombeaux du cardinal de Bernis et de l'illustre Fléchier.

Ces édifices que vous avez admirés, et qui méritent de l'être, ces monumens qui suffiraient pour l'ornement d'une autre ville, pâlissent à côté de ceux de la grandeur romaine. La *Maison-Carrée* que vous allez voir, ainsi appelée parce que l'édifice est un carré long, est regardée comme le monument de l'antiquité le mieux conservé et le plus beau peut-être qu'il y ait dans toute l'Europe. C'est un ancien temple élevé par Adrien à la mémoire de l'impératrice Plotine, et réparé par Louis XIV et par Louis XVIII. Remarquez d'abord ce massif de pierres élevé de deux toises au-dessus du pavé, et sur ce massif cette colonnade magnifique qui, vers un des bouts, a une espèce de portail et des portiques couverts, avec un frontispice par devant. Cette colonnade est d'un goût exquis par la noblesse de l'ouvrage et la justesse des proportions. Elle porte un architrave dans toute sa longueur, orné d'une sculpture très-fine et très-délicate. Le toit qui est en pointe est tout de pierres bien liées par un bon ciment.

Allons maintenant voir ce qu'on appelle aujourd'hui les *Arènes*; c'est un amphithéâtre. Depuis qu'on l'a dégagé des masures qui en obstruaient les degrés, on peut l'examiner dans toutes ses parties. Considérez sa forme ovale, et ses deux rangs d'arcades qui forment deux galeries ouvertes posées l'une sur l'autre, de soixante arcades chacune. On peut entrer dans celle du rez-de-chaussée par quatre portes principales, dont l'une est à l'orient, une autre au couchant, la troisième au midi et la quatrième au nord. L'espace qui est au milieu de l'amphithéâtre, et qui servait aux combats et aux exercices, est de cent pieds de diamètre. Les galeries peuvent contenir environ dix-sept mille spectateurs.

En parcourant la ville, vous remarquerez encore un grand nombre de sculptures, de bas-reliefs et de tombeaux antiques. L'arc de triomphe appelé la Porte de César est un des monumens anciens les plus récemment découverts; et la porte du nord est aussi de construction romaine.

Sortons de l'enceinte de Nîmes, nous verrons la *Tour-Magne* qui s'élève en forme de pyramide octogone, et dont la base a deux cent quarante-cinq pieds de circonférence. Elle est massive depuis le bas jusqu'au milieu de son élévation, avec un degré tout à l'entour à plusieurs rampes. On ignore l'usage auquel elle était destinée, et l'on suppose qu'elle servait de fanal pour éclairer les vaisseaux qui, soit en remontant le Rhône, soit du côté d'Aigues-Mortes, approchaient de la ville.

La fontaine de Diane et ses bains, ouvrage des Romains, détruite par les barbares, et restée ensevelie sous ses ruines pendant près de treize siècles, ont été rétablis de nos jours dans toutes leurs parties. On a conservé le curieux et l'agréable, et l'on s'est procuré le nécessaire. Néanmoins cette fontaine n'a plus de son antiquité que le nom. Tout auprès est le temple consacré à la même divinité, qui ne consiste plus qu'en un grand nombre de chapiteaux, de corniches et d'inscriptions.

Cette ville a produit une foule d'hommes célèbres : l'empereur Antonin, Domitius Afer, maître de Quintilien; Jean Nicot qui apporta le tabac en France, le naturaliste Bourguet, le magistrat Samuel Petit, l'érudit Séguier, Saurin, Villars, le protestant Jean Fabre qui remplaça son père condamné aux galères pour cause de religion; enfin le savant et malheureux Rabaut de Saint-Etienne.

Le chemin de Nîmes à *Beaucaire*, que nous allons suivre, paraît avoir été fait par les Romains. Vous verrez à chaque pas des vestiges de leur construction, des empierremens et des chaussées, dont l'ouvrage est d'un genre particulier à ces temps-là. Chaque mille se trouve encore bien marqué sur des colonnes de pierres rondes, et chacune de ces pierres milliaires porte des inscriptions qui indiquent ceux par l'ordre desquels elles ont été élevées. Il y en a du temps d'Auguste, de Tibère, de Claude, d'Adrien et d'Antonin.

C'est véritablement une promenade que la route de Nîmes à Beaucaire. La distance n'est que de cinq lieues, et si nous eussions pris des voitures, nous aurions à peine remarqué ce que nous avons été à même d'apprécier avec attention. Dans une heure nous serons à Beaucaire. Ce serait une des jolies villes de France, si ses rues étaient moins étroites. Elle est enceinte de murailles qui ne sont point de défense ; la porte dite du Rhône est bien bâtie, et fait un bel effet.

Cette ville a une grande importance, sous le rapport commercial, à cause de la foire qui s'y tient chaque année depuis le 21 juillet à minuit, jusqu'au 28 à la même heure. Durant ces six jours, elle offre un mouvement et une activité considérable. Aux approches de cette réunion, le Rhône se couvre de bateaux chargés de marchandises fabriquées à Lyon, en Suisse et en Allemagne. Cent mille négocians arrivés de tous les points de l'Europe et de l'Orient, se pressent dans cette ville de 10,000 âmes, et la vaste prairie qui s'étend sur le bord du Rhône se couvre de tentes à défaut de logemens pour ce surcroît de population.

Ce département, dont la population s'élève à plus de 334,200 habitans, renferme encore la petite ville d'*Aigues-Mortes* qui n'a rien de remarquable, et celle de *Vigan*, dont tout le mérite consiste dans la naissance qu'elle a donnée au chevalier d'Assas, qui mourut en héros pour le salut de sa patrie. La statue en bronze de cet illustre guerrier est l'ornement de la principale place de cette ville.

DÉPARTEMENT DE L'HÉRAULT.

Le *département* de l'*Hérault* que nous allons explorer tire son nom d'une rivière qui a sa source dans les Cévennes, au pied des montagnes de l'Egouale et de l'Esperon, et qui n'est navigable que pendant un espace de trois lieues, depuis le bourg de Bessan jusqu'à son embouchure. La petite ville de *Gange* sera notre première station, elle est entourée d'habitations agréables, et dominée par un vieux château. Non loin de là se trouve la Grotte des fées, (la Baume des demoiselles) dont les sombres détours sont tapissés de stalactites magnifiques.

Cette masse de bâtimens, ces hauts clochers que vous apercevez dans le lointain, c'est *Montpellier*, l'une des plus belles villes de France. Elle est située sur une colline élevée d'où l'on jouit d'une vue magnifique, qui s'étend jusqu'à la Méditerranée et jusqu'aux Monts Pyrénées. Elle est proche de la rivière de Lez par laquelle elle communique avec le Canal du midi, et sur le Merdanson qui la traverse par des canaux souterrains. Les rues en sont sinueuses et étroites, mais les maisons bien bâties. On y admire une esplanade spacieuse, l'église de Saint-Pierre, l'hôtel de la préfecture, et l'élégant édifice de la bourse. Cette ville a sept portes, deux promenades dont l'une, appelée la Canourgue, est située dans l'endroit le plus élevé de la ville; le point de vue en fait le principal mérite. L'autre, nommée le Peyrou, hors la porte de l'ancienne ville, et à l'entrée du faubourg de ce nom, passe pour être une des plus belles du royaume. La situation en est admirable, et la vue charmante de tous les côtés. Elle s'étend sur la mer, sur un côteau chargé de vignes et d'oliviers, sur les Pyrénées et sur les montagnes voisines. De nos jours on a encore embelli cette promenade, en y construisant un château d'eau auquel aboutit un bel aqueduc formé de deux rangs d'arcades superposées, lequel y conduit les eaux de la source de Saint-Clément située à une grande distance de la ville.

Sortons par la porte du Peyrou, et allons voir le jardin des plantes, l'un des plus beaux de l'Europe, et le premier qui ait été formé en France. Il a été commencé en 1598, à la sollicitation de Dulaurens, premier médecin d'Henri IV. Le nombre des végétaux s'élève à plus de huit mille. Voyez comme il est bien entretenu, et le goût qui a présidé à sa distribution. Admirez ces grandes allées, ce sont les principales, elles sont au nombre de six; n'est-ce pas une promenade agréable? Ce ne sont pas là les seuls avantages que Montpellier possède. Vous y trouverez une université, une bibliothèque riche en manuscrits, un observatoire, des écoles de musique et de dessin, un bel amphithéâtre anatomique; enfin une école de médecine très-célèbre, fondée au douzième siècle par des médecins arabes, que le fanatisme avait chassés d'Espagne et que les comtes de Montpellier ont eu le bon esprit d'accueillir.

Cette ville offre aussi une infinité d'objets curieux, parmi lesquels on distingue le siége en marbre sur lequel se place le professeur dans l'amphithéâtre de médecine, ancien monument trouvé dans l'amphithéâtre de Nîmes; le buste antique d'Hyppocrate en bronze, qui orne la salle des actes de cette célèbre école, le musée de peinture, le beau pavillon hexagone placé à l'extrémité de la promenade du Peyrou, qui renferme un bassin d'où l'eau, qu'amène l'aqueduc que vous avez vu, tombe en cascades sur des rochers artificiels qu'elle recouvre de ses nappes ondoyantes, en se précipitant au fond d'un bassin inférieur; enfin la tombe de Narcisse, fille du célèbre Young, placée dans le jardin des plantes, sous une voûte obscure entourée d'un ombrage épais.

Nous aurons encore à voir les hôpitaux, et tous les établissemens de bienfaisance qui sont remarquables par leur belle tenue; mais ce qui fait l'éloge de cette ville, c'est son Mont-de-Piété où l'on prête sur gages sans aucun intérêt, bien différent de ceux de la capitale, où c'est un objet de spéculation.

Montpellier a produit plusieurs hommes célèbres à différens titres : Barthès, Broussonnet, Fizes, Fouquet et Baumes dont la médecine s'honore; la Peyronie, fondateur de l'académie de chirurgie de Paris; le naturaliste Rondelet, Cambon qui a marqué dans la première révolution de France, et Cambacérès qui n'y a pas joué un rôle moins actif; Roucher, auteur du poëme intitulé *les Mois*, le peintre Bourdon et Vien, le régénérateur de la peinture.

Dirigeons-nous vers *Lunel*, ville ancienne et autrefois célèbre. Elle est renommée pour ses vins muscats, ainsi que *Frontignan*, petite ville dont les vins rivalisent ceux de Lunel. Nous nous portons bien, nous laisserons le bourg de Balaruc, où l'on va prendre les eaux minérales qui sont purgatives. L'essentiel est d'arriver à *Beziers*, dont la situation est la plus belle et la plus heureuse qu'on puisse rencontrer.

Cette ville est bâtie à une lieue de la Méditerranée, sur une colline assez élevée, au pied de laquelle coule la rivière d'Orbe qui reçoit le canal royal. Rien de plus charmant que les divers points de vue qui se présentent de tous côtés. A l'ouest de la ville et du haut des murs, on voit vers le nord une chaîne de montagnes bleuâtres du sein de laquelle semble sortir la rivière d'Orbe. Devant soi un riche vallon paraît s'élever insensiblement et forme un amphithéâtre diversifié par des jardins, des vignobles, des champs couverts de moissons, d'oliviers et de mûriers, des bouquets d'arbres plantés çà et là, et un grand nombre de villages et de métairies répandus dans la campagne. On remarque les neuf écluses du canal accolées ensemble, où la chûte des eaux forme la plus belle cascade et le plus beau coup d'œil qu'on puisse imaginer.

Dans la partie de la ville qui regarde l'orient, si l'on se transporte sur une grande place qui est près de la porte de la citadelle, on y trouve des points de vue également agréables. Du côté du nord et du levant, c'est une vaste forêt d'oliviers entremêlés de vignes et de mûriers. Du côté du midi, c'est une plaine immense extrêmement fertile, dans laquelle serpente la rivière d'Orbe, et qui se termine à la mer, dont l'œil embrasse une étendue considérable.

De cet endroit, le plus élevé de la ville, les regards, après avoir parcouru le tableau le plus riche et le plus varié, se portent sur la cîme des Monts Pyrénées qu'on découvre dans le lointain vers le sud-ouest. C'est véritablement un spectacle enchanteur, et on peut dire que les environs de Béziers sont les plus beaux qu'une ville ait l'avantage de posséder. Vous ne tarderez pas à voir toutes ces merveilles, mes enfans, ou du moins en prendre une légère idée ; car nous sommes sur le point d'arriver à cette ville, dont on a dit :

> En terre si Dieu voulait naître,
> C'est à Béziers qu'il voudrait être.

Béziers, une fois plus longue que large, a une enceinte assez considérable. On y entre par cinq portes. Les murailles qui l'entourent, flanquées de tours antiques, sont dans quelques endroits des espèces de bastions. Le voyageur curieux d'antiquités en chercherait vainement. Tous les monumens construits par les Romains ont été la proie des flammes. Plusieurs fois ruinée par les Visigots, les Sarrasins et Charlemagne, elle était relevée, et avait atteint le plus haut degré de splendeur, lorsqu'elle fut de nouveau saccagée au treizième siècle, à l'époque de la croisade contre les Albigeois, par Arnaud, abbé de Citeaux.

Dans son état actuel, Béziers ne renferme plus que des édifices modernes parmi lesquels il en est quelques-uns qui méritent de fixer les regards, tels que le palais épiscopal bâti avec une grande régularité, et dont le point de vue est admirable. Les vues de la terrasse du collége, de la petite esplanade de Saint-Louis et de la place de Canterelles sont également belles ; la cathédrale offre sur son frontispice des figures assez estimées. Elle consiste en une nef séparée en deux dans sa longueur par le chœur ; les orgues de cette église sont doubles et la menuiserie en est fort belle. Cette ville à une bibliothèque publique, des établissemens utiles et une salle de spectacle. C'est dans ses murs qu'ont pris naissance Riquet, auteur du canal de Languedoc ; le savant astronome Mairan, le père Vanière, Jean Barbeyrac, Pélisson, etc.

Le département de l'Hérault est, comme vous pouvez en juger par ce que vous avez déjà vu et par ce que vous promet Béziers, un des plus intéressans du royaume. Il renferme plus de 324,000 habitans, et est arrosé par diverses rivières, indépendamment des canaux qui le traversent. Nous aurions bien encore quelques villes à y voir, mais après Montpellier et Béziers, elles nous paraîtraient bien pâles. Ainsi nous nous en dispenserons.

DÉPARTEMENT DU TARN.

Le *département* du *Tarn*, moins riche que celui de l'Hérault, doit son nom à la rivière qui l'arrose. *Castres*, l'une de ses villes, est la plus importante par sa population, et la plus intéressante par ses fabriques. Sa fondation, sur l'emplacement d'un camp romain, date de 647. La rivière d'Agout la divise en deux parties, réunies par un pont de pierre. L'ancien palais épiscopal, magnifique édifice construit par Mansart, est aujourd'hui l'hôtel de la sous-préfecture. La ville est commerçante, elle a une bourse et une chambre de commerce. La bibliothèque publique est fournie d'assez bons livres. Castres a vu naître l'historien Rapin Thoiras, l'académicien André Dacier, et l'abbé Sabattier.

Parcourons les environs, nous y verrons un endroit que l'on nomme *la Roquette*, parce qu'il est couvert de débris de rochers. Nous y trouverons sans doute compagnie de curieux, empressés de visiter le *rocher tremblant* et *la grotte de Saint-Dominique*. Le rocher tremblant est une masse dont la forme irrégulière approche de celle d'un œuf aplati posé sur le petit bout; il repose sur le bord d'un gros rocher placé sur le penchant d'une colline; la force d'un homme suffit pour le mettre en vibration, et lorsqu'il est en mouvement, ses balancemens se répètent sept à huit fois d'une manière sensible.

La grotte qui porte le nom du fondateur de l'ordre des Frères-Prêcheurs, auquel elle servit de retraite, est située au pied d'une montagne qui supporte le rocher tremblant. Elle est composée de galeries souterraines d'environ huit cents toises de longueur, sur dix à douze de largeur, que précède une salle assez vaste. Les parois de ces excavations sont tapissées de rochers arrondis, entassés les uns sur les autres, quelquefois avec tant de régularité qu'on croirait qu'ils sont plutôt l'ouvrage de l'art que celui de la nature.

Alby, chef-lieu du département, et résidence des autorités, située sur une éminence au pied de laquelle coule le Tarn, est la plus laide ville archiépiscopale de France. Elle est le siége d'un collége communal, d'une société d'économie rurale, de statistique et de commerce. Vous y verrez une bourse, une bibliothèque publique et un théâtre. La cathédrale, ornée intérieurement de vieilles peintures qui couvrent les murailles, est un chef-d'œuvre de hardiesse, et la promenade appelée la Lice est une belle terrasse d'où la vue plonge sur une plaine magnifique. L'église de Sainte-Cécile, l'hôtel de la préfecture, et l'hôpital Saint-Jacques sont autant d'édifices qui ornent cette ville, et que vous verrez avec plaisir. On y remarque aussi quelques belles maisons, mais elles sont rares. Alby est la patrie de La Peyrouse.

Ce département n'est pas riche en villes, ni même en objets de curiosité, et quand nous verrions encore *Gaillac*, *Lavaur et Labruguière*, nous n'en serions pas plus avancés, car nous n'aurions vu que des pierres de plus entassées les unes sur les autres. Cependant le sol est fertile, et la population s'y élève à près de 314,000 âmes.

DÉPARTEMENT DE LA HAUTE-GARONNE.

Les bords du Tarn qui traverse la partie septentrionale du *département* de la *Haute-Garonne*, conduisent à *Villemur*, petite ville mal bâtie, et située près du confluent de la Save et de la Garonne; on voit ensuite

Grenade, construite en briques, mais bien bâtie; c'est la patrie de Cazalès.

En remontant la Garonne sur un espace de cinq lieues, nous arriverons à *Toulouse*, chef-lieu du département et siége des autorités. C'est une grande ville, très-ancienne, située dans une plaine, sur la rive gauche du fleuve. Presque toutes ses maisons sont bâties en briques; malgré quelques beaux hôtels et plusieurs maisons construites avec goût, cette célèbre cité n'annonce point son ancienne splendeur. Il ne reste plus des anciens monumens qu'elle possédait, à l'époque où elle se faisait remarquer parmi les plus importantes colonies romaines, que les débris d'un petit amphithéâtre, et un seul tombeau antique conservé dans le cloître de la vieille église des Augustins. Les places publiques sont petites et irrégulières : les plus belles sont celles de l'hôtel de ville et de Saint-Georges; celle de la préfecture qui est décorée d'une fontaine, et celle de Saint-Cyprien, régulière dans toutes ses dimensions, et ornée de façades d'un dessin uniforme.

La ville est divisée en deux parties égales par la Garonne, que l'on traverse sur un pont magnifique, terminé par un arc de triomphe construit d'après le dessin de Mansart. Elle jouit de l'avantage de beaux quais qui présentent un aspect imposant; elle est entourée de murailles flanquées de deux grosses tours rondes et percées de neuf portes.

Parmi les grands édifices, vous distinguerez l'hôtel de ville, nommé *Capitole*, ancien monument dont la façade moderne est fort belle, et dont l'intérieur est orné des bustes de plusieurs personnages célèbres que Toulouse a vus naître; la cathédrale dont le chœur seul est terminé, et devant laquelle s'élève une fontaine ornée de beaux bas-reliefs. L'ancien palais des comtes de Toulouse, où siégent actuellement la cour royale et les tribunaux inférieurs, est digne de remarque. Le palais archiépiscopal, l'hôpital, l'hôtel des monnaies, la bourse et le théâtre sont autant d'ornemens que l'on peut compter dans cette ville.

Les établissemens scientifiques y sont nombreux: l'académie universitaire, l'école secondaire de médecine et de chirurgie, celle de droit civil, le collége royal, le jardin de botanique, l'école d'artillerie, celle d'équitation, une académie des beaux-arts, un musée de peinture, deux riches bibliothèques publiques, un cabinet de physique, un observatoire, une société d'agriculture, une fonderie de canons; enfin l'académie des Jeux Floraux fondée en 1323 par Clémence Isaure, sous le titre de collége de *Gay-Savoir*, et érigé en académie en 1694. Les membres de cette société littéraire, la plus ancienne de l'Europe, s'assemblent dans l'une des salles du Capitole.

Peu de villes ont des promenades aussi étendues et aussi agréables que cette cité. Les dehors en offrent de toutes parts. Celle de l'Esplanade est fort belle; elle consiste en plusieurs allées de longueur inégale qui aboutissent à une autre enceinte circulaire. Près de là le canal du midi offre une autre promenade très-longue. Les environs présentent d'ailleurs des sites charmans; le canal passe au pied des remparts. On voit la plaine où le maréchal Soult battit l'armée anglo-espagnole, trois fois plus forte que la sienne, et commandée par le duc de Wellington.

Un peu au-dessous de l'embouchure du canal de la Garonne, on a creusé un autre canal dit de Brienne, qui va se réunir à la Garonne au-dessus du moulin de Bazacle, où les eaux font mouvoir seize meules sans que l'on entende le cliquetis fatigant que produisent communément les autres moulins. Ces deux canaux bordés de plusieurs rangées d'arbres qui forment de belles allées, que terminent des ponts, des écluses, et l'aspect de la rivière, offrent un coup d'œil digne des plus belles villes de la Hollande. Toulouse est la patrie du jurisconsulte Cujas, de Campistron, auteur dramatique, du mathématicien Fermat, du généreux magistrat Duranti, et de Clémence Isaure. La population de cette ville célèbre s'élève à près de 60,000 habitans.

Muret, sur la rive gauche de la Garonne, *Villefranche*, près le canal, *Saint-Gaudens* et *Saint-Béat* sont de très-petites villes qui ne méritent pas qu'on s'y arrête; mais à une lieue de la dernière, on quitte la vallée qu'arrose la Garonne pour entrer dans celle dont l'extrémité est occupée par *Bagnères-de-Luchon*, à l'ouverture de celle d'Arbouse. Bagnères mérite à peine le nom de ville; mais les accroissemens qu'elle prend chaque année ne tarderont pas à la rendre digne de ce titre. Sa forme est celle d'un triangle, dont chaque pointe est prolongée par une allée, l'une de platanes, l'autre de sycomores, et la troisième de tilleuls. Cette dernière, la plus septentrionale, est celle qui conduit aux bains, et conséquemment la plus fréquentée; elle est bordée de maisons bien bâties. L'établissement thermal, l'un des plus beaux de ce genre, a l'apparence d'un château. Son origine ne paraît pas remonter à une haute antiquité; cependant ces bains existaient sous les Romains.

La vallée de Luchon est large près de Bagnères; des gorges où l'on respire le parfum des fleurs; la vue du Pic de la Maladette couvert de neiges éternelles et situé sur la crête des Pyrénées espagnoles; les torrens qui tombent en cascades, répandent un intérêt et un charme inexprimable sur les excursions que l'on fait autour de Bagnères. J'ai vu tout cela, mes amis, il faut bien que vous le voyez aussi; allons-y donc, vous trouverez matière à exercer vos pinceaux.

Ce département, traversé par le canal du midi, arrosé par le Tarn, la Garonne et divers autres cours d'eau, est couvert d'un sol riche et fertile que l'on cultive avec des bœufs, et qui donne toutes espèces de productions. On y voit de nombreuses fabriques en divers genres, et plusieurs forges, ainsi que des fours à cristaux. La population s'élève à près de 392,000 âmes.

DÉPARTEMENT DE L'AUDE.

Le *département* de *l'Aude* doit son nom à la rivière qui le traverse, et dont la source est dans les Pyrénées. *Castelnaudary*, l'une de ses villes les plus importantes, sera notre première station. Elle est située sur une petite éminence, près du canal, dans un territoire très-fertile, particulièrement en blé. Le canal du midi, qui la traverse, y forme un beau bassin qui sert de port, et dont l'enceinte, garnie de quais ombragés par des arbres, est la plus belle promenade. Ce fut sous les remparts de cette ville que le maréchal de Schomberg, à la tête des troupes de Louis XIII, défit en 1632 celles de Gaston d'Orléans, commandées par le duc de Montmorency qui fut décapité à Toulouse. Parmi les hommes célèbres qui ont reçu la naissance dans cette ville, on cite principalement le poète Vidal et le général Andréossy.

Carcassonne, que nous verrons ensuite, est une ville ancienne et considérable. C'est le chef-lieu du département et le siége des autorités. Elle est divisée en deux parties, haute et basse; la haute, que l'on appelle la cité, est située sur un grand plateau, et entourée de tous côtés par la ville basse et le faubourg qu'elle domine : elle est mal bâtie, misérable et presque déserte. La ville basse est bien construite et fort régulière, les rues y sont larges, droites, et les maisons bâties avec goût. La place est un grand carré long. Au milieu on remarque une fontaine faite de cailloux, sur le haut de laquelle est un Neptune. Quatre chevaux marins sortent à demi-corps de cette espèce de petit rocher. La rue principale est plantée d'un double rang d'arbres. Cette partie de la ville est animée par le mouvement de son beau port sur le canal, ornée de belles promenades, d'une cathédrale dont on admire les vitraux, d'un hôtel de ville dont l'entrée est remarquable, d'un hôtel de préfecture avec un jardin magnifique, de belles casernes et de plusieurs autres édifices. Cette ville compte quarante fabriques de draps propres au commerce avec le Levant, l'Amérique et l'Inde. Elle est le siége d'un évêché, et possède une bourse, un collége, un musée, une société d'agriculture, deux bibliothèques publiques et un théâtre. Elle est la patrie de Fabre d'Eglantine, et du médecin Janin. En parcourant ses environs, on voit, sur les bords du Fresquel, un arc de triomphe que l'on croit avoir été élevé à la mémoire de l'empereur Numérien.

Limoux, située sur la rivière d'Aude, *Alet*, connue par ses eaux thermales, sont deux petites villes qui n'offrent rien de propre à tenter la curiosité des voyageurs. Nous les négligerons donc pour arriver plutôt à *Narbonne*, ville ancienne. Elle est située sur le canal de la Robine, qui par l'étang de Sigean communique avec la Méditerranée. Ce n'est qu'un chef-lieu de sous-préfecture, mais elle est intéressante par son école de navigation, sa société d'agriculture, son théâtre et ses promenades qui sont très-belles. Elle est plus riche en inscriptions antiques qu'aucune ville des Gaules. On y voit les ruines de plusieurs édifices romains, et le tombeau de Philippe-le-Hardi dans la cathédrale, dont on admire la nef et les orgues. On voit aussi avec intérêt sur les murs d'enceinte, dans ses églises et dans la cour de l'ancien archevêché, plusieurs monumens romains encore bien conservés. Ses environs produisent une grande quantité d'olives et de miel, qui jouit d'une réputation méritée. Narbonne est la patrie de Varron, poète et guerrier, de l'empereur Marc-Aurèle, et du savant antiquaire Montfaucon.

Ce département, peuplé de plus de 453,000 âmes, est arrosé par l'Aude, sa principale rivière, par le canal qui le traverse d'occident en orient, et baigné par la Méditerranée. L'habitant actif, économe et frugal possède une aisance qui excède la moyenne reconnue dans les autres départemens.

DÉPARTEMENT DES PYRÉNÉES-ORIENTALES.

De hautes montagnes, une atmosphère brûlante, des ports de mer, de petites villes fortifiées, des plages marécageuses, tels sont les élémens qui composent le *département* connu sous le nom de *Pyrénées-Orientales*. On appelle Pyrénées la longue chaîne qui sépare la France de l'Espagne, et s'étend depuis la Méditerranée jusqu'à l'Océan.

Perpignan, chef-lieu, siége de la préfecture et d'un évêché, est située sur la rive droite du Tet, et sur la petite rivière de Basse. Ce n'est point une belle ville, ses rues sont étroites, sombres et irrégulières. Elle est bâtie à deux lieues de la mer, au pied d'une colline, et défendue par une forte citadelle, et par des fortifications nouvellement réparées. Du haut de ses remparts, la vue s'étend sur une plaine magnifique, bordée par des montagnes que domine, vers le couchant, le Pic du Canigou, toujours couvert de neige. Du côté opposé, plusieurs percées naturelles, au milieu des plus rians côteaux, laissent voir la mer qui se déploie dans le lointain.

La citadelle, dont le sol est traversé par un puits intarissable, domine toute la ville que l'on distingue en vieille et neuve. Une caserne construite par Louis XIV, pour contenir cinq cents hommes, occupe l'un des deux grands côtés de la place d'armes.

Les principaux édifices sont la cathédrale, l'hôtel de ville, le palais de justice et l'hôtel des monnaies. Vous y trouverez une bibliothèque publique, un cabinet de physique, un jardin de botanique et une pépinière intéressante; mais rien de tout cela n'est comparable à la bergerie royale, établie hors des murs de la ville, et dont on admire la belle tenue. La salle de spectacle n'a rien de remarquable, mais les promenades sont fort belles. C'est dans le territoire de cette ville que l'on recueille ces excellens vins muscats désignés sous les noms de Rivesaltes, de Grenache et de Malvoisie; mais il n'y a pas d'autre eau à boire que celle des puits et des citernes qui sont peu agréables. Les gens riches s'en font apporter d'une fontaine qui est hors de la ville.

Les habitans de Perpignan ont toujours montré beaucoup de goût pour les cérémonies religieuses, et il s'y faisait autrefois, la nuit du Jeudi-Saint, une procession connue sous la dénomination de *Procession des Flagellans*. Elle sortait de l'église de Saint-Jacques à dix heures du soir, parcourait toute la ville, entrait dans plusieurs églises et rentrait à quatre heures du matin. Elle était ouverte par deux trompettes et un porte-sonnette habillés en rouge, par deux bannières noires où étaient peints les instrumens de la Passion que portaient deux pénitens noirs, et par un grand nombre de ces pénitens avec des cierges de cire rouge.

Les pénitens des différens états, et leurs porte-flambeaux étaient séparés et distingués par leurs mystères, noms donnés à la représentation des divers objets relatifs à la passion de Jésus-Christ, de grandeur naturelle, qu'on portait sur des brancards bien décorés, et posés sur les épaules de quatre pénitens.

Venait ensuite une compagnie de cinquante soldats vêtus à la romaine, et commandés par un centenier portant un drapeau de l'ancienne Rome. Au milieu de cette compagnie marchait une personne représentant Jésus-Christ, vêtue de violet, ayant sur l'épaule gauche une croix énorme soutenue derrière par Simon. Elle était précédée des trois filles de Jérusalem, vêtues de noir; venait après saint Jean, une palme à la main, accompagné de la Sainte-Vierge et de la Magdelaine habillée de noir. Le porte-croix était suivi d'autres pénitens noirs, à la suite desquels on portai tJésus-Christ étendu sur la croix, sur un brancard tendu et couvert de velours noir, orné de crépines en or. Enfin la procession était terminée par le clergé de l'église Saint-Jacques, portant des cierges de cire rouge. On y comptait ordinairement quatre mille flambeaux.

On voyait aussi dans cette procession des Saints-Jérômes, des Dames-Jannes, des Traîneurs de chaînes, des Barres de fer, et des Flagellans. Les Saints-Jérômes et les

Traîneurs de chaînes étaient habillés en pénitens noirs. Les Dames-Jannes portaient une cuirasse et une culotte, et avaient à la main une tête de mort. Les Barres de fer venaient les bras étendus en croix. Les Flagellans vêtus de blanc portaient une grande capuche fort haute, terminée en pain de sucre, un corset, un jupon court et bouffant, et des souliers blancs. Le corset avait sur le dos une ouverture, où la peau paraissait à nu, et l'on frappait sur cette partie du corps avec une discipline jusqu'à faire couler le sang. Le peuple applaudit ces sortes de folies, les étrangers les regardent avec surprise, les gens sensés gémissent et vont cependant voir ce singulier spectacle.

Perpignan, par ses remparts, sa citadelle et ses portes, est une des clefs du territoire français. Il se conserve encore dans cette cité quelques habitudes espagnoles. On y danse, comme en Catalogne, au son d'une cornemuse, d'un tambourin, d'un flageolet et de quatre à cinq hautbois. C'est la patrie de Jean Le Blanc, du général Dugommier, et du peintre Rigaud.

Les autres villes de ce département sont peu importantes, et nous ne nous arrêterons à *Céret* entourée de murailles, que pour y voir le pont qui est d'une hardiesse que l'on ne peut s'empêcher d'admirer. Il est d'une hauteur prodigieuse, et formé d'une seule arche, dont les culées construites sur deux rochers lui donnent une ouverture de cent quarante pieds.

Port-Vendre est une petite ville bien bâtie, dont la place publique est ornée de fontaines et d'un obélisque en marbre de cent pieds de hauteur. Son port avait été comblé, mais il a été reconstruit, et on a creusé un bassin qui peut contenir cinq cents vaisseaux. Depuis l'exécution de ces travaux, cette ville s'est enrichie par le commerce. *Collioure*, sa rivale et sa voisine, a un port sur la Méditerranée, et une école de navigation. *Prades*, située sur le Tet, est une jolie ville, dans une plaine agréable, dans laquelle il nous suffira de passer pour en avoir un souvenir.

Ce département, arrosé par le Tech, le Gly, le Réart et le Tet, n'a que 144,000 habitans. Son sol est très-fertile en vins excellens, ses fruits sont délicieux. Les orangers, les oliviers, les citronniers y sont en pleine terre; et les haies sont, en grande partie, formée de grenadiers. Sur les collines et les lieux incultes, on trouve le serpolet, la lavande, le thym et le romarin. Les eaux minérales, thermales et sulfureuses abondent dans ce territoire, et les eaux chaudes de la Cerdagne sont renommées.

Les peuples de ce département ont un caractère qui leur est propre, et qui se modifie suivant que l'on avance dans la plaine, ou que l'on remonte vers les monts. La constitution physique varie en raison de la manière dont ils se nourrissent; ils sont en général robustes, vigoureux, vifs, spirituels et indépendans par caractère. L'habillement n'a rien de remarquable. Les courses de taureaux et les danses sont les amusemens favoris.

DÉPARTEMENT DE L'ARRIÉGE.

Arrosé par une rivière à laquelle il doit son nom, le *département* de *l'Arriége* est couvert de montagnes, de forêts et de pâturages, et ressent l'influence des deux climats distincts qui partagent son territoire. La partie méridionale, en raison de son élévation, est exposée aux froids les plus vifs et aux plus grandes chaleurs, tandis que les vallées de la partie septentrionale éprouvent les douceurs des climats tempérés.

Le chef-lieu de ce département est *Foix*, ville qui n'est ni grande ni belle, et ne renferme pas 4,000 habitans. Elle est située dans la vallée de l'Arriége. Vous verrez avec intérêt son château composé de trois tours gotihques, et un grand nombre d'usines établies sur la rivière. Mais les rues de la ville sont étroites, les bâtimens sans goût; et la seule chose remarquable est un beau pont en pierre. Non loin de ses murs les curieux vont voir une sorte de phénomène que les gens du pays désignent par le nom de *Roche-du-Mas*. Ce sont deux montagnes parallèles qui, réunies à leur sommet et séparées à leur base, forment une voûte qui donne passage à la rivière de Rize, et sous laquelle deux mille hommes peuvent se placer aisément.

Il fait un temps superbe, partons pour *Tarascon*; c'est une promenade de trois lieues. C'est une très-petite ville; elle est située sur la rivière de l'Arriége dans une position charmante. Nous verrons, dans ses environs, de belles forges, et des carrières de marbre gris. Nous gagnerons ensuite *Pamiers*. C'est une jolie ville, dans une plaine fertile, environnée de canaux alimentés par l'Arriége. Ses rues sont larges, les maisons bien bâties. Sa population est plus forte d'un tiers que celle du chef-lieu. C'est une fort agréable sous-préfecture, et elle possède encore l'avantage d'un évêché, et des fontaines d'eaux minérales que l'on dit être propres à la guérison de la goutte et des obstructions.

Mirepoix, autre petite ville assez jolie, n'offre d'ailleurs aucun intérêt, mais une montagne qui en est voisine, et que l'on nomme le *Puy du Till*, offre une particularité assez singulière. Des cavités profondes dont elle est percée s'échappe en tous temps un vent très-frais, et quelquefois très-violent que l'on appelle le *Vent du Pas*.

Les seules villes qui nous restent à voir dans ce département sont d'abord *Saint-Girons*, arrosée par la petite rivière de Salat, dont le cours tortueux met en mouvement des usines, des fabriques d'étoffes et de papiers ; puis *Saint-Lizier* qui, jadis le siége d'un évêché, mérite à peine le titre de ville. Le palais épiscopal a été converti en dépôt de mendicité.

Ce département si peu riche en villes nous a cependant offert des objets intéressans. Repassons ce que nous avons vu dans nos excursions; c'est une rivière qui disparaît plusieurs fois, d'où l'on conclut qu'elle a de profondes cavités; une fontaine qui a un flux et un reflux, aux mêmes heures que la Méditerranée; ensuite des monts escarpés près de gouffres dont on ignore la profondeur; enfin des campagnes de l'aspect le plus riant.

Une production particulière à ce pays est l'amiante, espèce de substance pierreuse qui se divise en longs filamens, et sur laquelle le feu n'a aucune action. On en fait des mouchoirs que l'on blanchit en les jetant au feu. Les paysans en font des jarretières. Pour parvenir à en faire un tissu, ils mêlent à cette substance de la laine ou du coton, qu'ils font disparaître ensuite au moyen du feu; ils en fabriquent aussi des ceintures, ce qui prouve qu'il est possible de tirer parti de ce lin minéral, et d'en faire de ces toiles si vantées par les anciens. Il ne faudrait peut-être qu'employer plus de soins et d'industrie à le filer.

La population de ce département s'élève à près de 235,000 habitans. Plusieurs rivières dont il est arrosé roulent dans leurs flots plus ou moins d'or; la plus remarquable est l'Arriége où l'on voit nombre de personnes, sur ses bords, occupées à chercher des paillettes de ce métal. Néanmoins la quantité que chaque individu en tire lui vaut à peine deux francs par jour. C'est une faible ressource, mais le peuple de ce pays en a de plus considérables dans les fabriques diverses, et principalement dans le grand nombre de forges à la catalane qui y sont en activité, et qui mettent ce département au premier rang dans ce genre d'industrie.

DÉPARTEMENT DES HAUTES-PYRÉNÉES.

Le *département* des *Hautes-Pyrénées* doit son nom à la partie la plus élevée de ces hautes montagnes. Ce n'est que vers le nord que l'on trouve des plaines; le reste n'offre que des hauteurs d'un accès difficile, des pics décharnés, des sommets couverts de glaciers, des lacs alimentés par la fonte des neiges, et des vallées tapissées de verdure et dominées par des forêts. Commençons nos excursions par le nord; nous verrons d'abord *Vic-de-Bigorre*, petite ville située sur la rive droite du Lechez qui n'offre rien à la curiosité. Plus loin, en remontant l'Adour, nous trouverons, sur la rive gauche de cette rivière, la jolie ville de *Tarbes*, située dans une belle plaine, et très-bien bâtie. Les rues en sont larges, bien percées, et arrosées par des eaux limpides qui entretiennent dans ses murs la fraicheur et la salubrité. Les maisons sont basses, mais jolies. Les murs sont construits avec des cailloux que roule l'Adour; les embrâsnres des croisées, et le seuil des portes sont de marbre, les toits couverts en ardoise, et les appartemens très-propres; vous y séjournerez avec plaisir.

Tarbes est le chef-lieu du département, la résidence du préfet, et l'entrepôt de tout le commerce. Vous y verrez grand nombre d'Espagnols qui viennent faire des achats considérables de bestiaux. Cette ville n'a point d'édifices remarquables autres que la cathédrale, un ancien château qui sert de citadelle et de prison, et l'ancien palais de l'archevêché, aujourd'hui occupé par la préfecture; mais on y voit une jolie place entourée de cafés et d'hôtels, plantée d'arbres, au centre de la ville; c'est une promenade commode, parce qu'elle est à la proximité des habitans; mais bien moins belle que celle du Prado qui est située hors des murs, et où l'on respire l'air plus pur de la campagne. Cette ville possède une bibliothèque publique et une salle de spectacle.

A quatre lieues, au sud-est de Tarbes, et sur le bord de la même rivière, nous trouverons *Bagnères-de-Bigorre*, placée dans un des sites les plus agréables et les plus romantiques des Hautes-Pyrénées. Cette ville est bâtie dans le même genre, et avec autant de goût que celle de Tarbes, mais comme les maisons y sont plus rapprochées, sa configuration est plus arrondie. Les rues en sont grandes, bien pavées et arrosées par la rivière de l'Adour. Les eaux thermales y attirent deux fois par an un grand nombre d'étrangers. Aussi indépendamment des édifices attachés à toutes les villes, on y voit un établissement particulier et vraiment magnifique, appelé Frascati, qui offre à la jouissance du public une salle de bal, un salon de concert, un cabinet de lecture, des salons pour le jeu, des salles à manger, des bains et de superbes appartemens. La fontaine d'où sortent les eaux est remarquable par une caverne profonde appelée la *Grotte de Bréda*.

Non loin de Bagnères est un joli bourg,

du nom de *Campan*, plus peuplé que beaucoup de villes. La belle vallée dans laquelle il est situé offre des promenades charmantes qui ajoutent à l'intérêt qu'inspirent ses belles fabriques d'étoffes de laines, ses papeteries, ses précieuses marbreries, et les stalactites d'une grotte de quatre cents pieds de profondeur.

Je crois que nous pourrons nous dispenser de voir *Argelès*, qui n'a de remarquable que sa position charmante dans un vallon arrosé par le Gave d'Azun qui se réunit au Gave de Pau. Il en sera de même de *Lourdes*, bâtie sur un rocher baigné par le Gave de Pau, et dominée par une forteresse qui sert de prison d'état. C'est une petite ville fort ancienne, à en juger par quelques restes de murailles et de tours de construction romaine.

Un endroit qui mérite d'être vu, c'est *Baréges*, célèbre pour ses eaux minérales. Ce n'est qu'un village bâti dans une vallée qui porte son nom, et au pied des montagnes. On ne peut l'habiter que pendant six mois de l'année à cause du Bastan qui, dès que le soleil commence à fondre les neiges des montagnes, se répand avec la plus grande impétuosité, et produit les plus affreux ravages. Les habitans quittent alors leurs maisons, emportent la majeure partie de ce qu'ils possèdent, même les croisées des bâtimens, et se réfugient dans une vallée voisine, jusqu'à ce que toutes les neiges soient fondues. Ce village est composé d'une seule rue, garnie de quatre-vingts maisons, d'une chapelle, de casernes pour les militaires blessés, et d'un bel établissement thermal. Il possède des sources dont la température varie de 32 à 40 degrés. Chaque année y voit arriver plus de six cents baigneurs. C'est dans ses environs que se trouve la célèbre cascade de Gavarnie qui, tombant de douze cent soixante-dix pieds de hauteur, est la plus remarquable de toutes celles de l'Europe.

Ce département, arrosé par l'Adour, le Gers, la Garonne, et autres rivières formées par des torrens ou gaves qui tombent en cascade du haut des montagnes, est peuplé d'environ 212,000 habitans. Ceux des montagnes s'occupent de l'éducation des bestiaux, et comme les anciens pasteurs changent de demeure suivant les saisons. Ils choisissent pour l'hiver les vallées basses, et pour l'été les vallées supérieures où ils cultivent les prairies qui doivent nourrir leurs troupeaux dans l'arrière saison. Pendant que toute la famille s'occupe de la culture, un seul homme conduit tous les animaux sur les montagnes les plus élevées, où des pâturages naturels les attendent. S'il ne trouve aucune anfractuosité pour lui servir d'asile, il se fait une hutte de quelques pierres entassées.

L'automne ramène le bétail et le berger dans la maison d'été, que la famille a quittée pour descendre au village. Le berger passe l'hiver dans cette solitude avec ses troupeaux, qui consomment la provision destinée à leur nourriture. Il y brave les rigueurs de la saison, les neiges, les vents impétueux et les avalanches qui le menacent sans cesse, et n'a lui-même, pour toute nourriture, que le lait de ses vaches qui, sur ces montagnes, sont très-chétives.

Les habitans des Hautes-Pyrénées sont en général simples, bons et généreux, un peu portés à l'ivrognerie. Ils aiment l'indépendance, et montrent communément du courage et de la fierté; ils partagent la vive et aimable gaieté des habitans des pays méridionaux, et mettent dans leurs démonstrations cette chaleur, cet empressement qui caractérise la vivacité, et qu'anime un langage passionné, rapide et métaphorique.

On distingue les habitans des campagnes en trois classes : ceux des vallées et des montagnes, ceux des collines et ceux de la plaine. Il existe dans celle-ci un usage particulier qui a pour origine les anciennes pastourelles des Troubadours; c'est de représenter en plein champ et sur des tréteaux, de la manière la plus grotesque, nos chefs-d'œuvre dramatiques. Ces représentations sont annoncées au loin et d'avance; les acteurs sont des villageois, dont l'accent rude, les gestes forcés et les étranges fautes de langue donnent un air comique à nos tragédies.

Les montagnards sont tous bergers ou laboureurs et propriétaires. Leur nourriture habituelle se compose de pain de seigle mêlé d'orge et de froment, de légumes et de pâte de maïs avec du lait. Des mœurs simples et douces firent long-temps leur bonheur, mais les visites des étrangers ont altéré la pureté de ces mœurs; cependant on voit encore, dans les gorges reculées, des hommes qui conservent les coutumes de leurs ancêtres.

Les femmes ont en général la figure belle et de la finesse dans la physionomie.

DÉPARTEMENT DES BASSES-PYRÉNÉES.

L'ancienne principauté du Béarn et de la Basse-Navarre, seuls restes du royaume que Ferdinand, roi d'Arragon, enleva au grand-père d'Henri IV, forment le *département* des *Basses-Pyrénées*, qui doit son nom à cette partie des Pyrénées dont la hauteur moyenne couvre à peine la moitié du département, et qui, au lieu de ces sommets orgueilleux couverts de glaciers éternels, offre à la vue du voyageur des montagnes couronnées de forêts, des vallées riches et peuplées, et les sites les plus agréables. *Pau* est la première ville que nous visiterons, et vous ne serez pas long-temps sans la voir, car elle est située sur une éminence baignée par le Gave de son nom. Elle est bâtie avec une sorte d'élégance. Le pont, qui s'élève sur le Gave avec la majesté d'un aqueduc, est remarquable par sa hauteur, et contribue, avec le château, le palais de justice et la promenade ornée d'une belle fontaine, à donner à la ville un ensemble tout-à-fait pittoresque.

Pau est le chef-lieu du département et le siége des autorités. Vous y trouverez une académie universitaire, une bibliothèque publique, un cabinet d'histoire naturelle et de physique, et un théâtre. Le haras royal est magnifique. Cette ville a donné naissance à plusieurs personnages d'une haute célébrité, à la tête desquels on place naturellement Henri IV, puis Jeanne d'Albret, reine de Navarre, et Gaston de Foix, duc de Nemours. On peut citer aussi le vicomte d'Orthès qui refusa d'exécuter dans Bayonne le massacre ordonné par Charles IX; Pierre de Marca, l'un des plus savans prélats de l'église gallicane, et le savant astronome Pardies.

Dans le château où naquit Henri IV, on conserve avec un respect religieux l'écaille de tortue qui servit de berceau à ce bon prince, et ce ne sera pas sans éprouver un sentiment d'intérêt que nous visiterons les jardins qu'il parcourut tant de fois dans son enfance.

Dirigeons-nous vers *Bayonne*; c'est une ville importante, la seule qui jouisse de l'avantage d'avoir deux rivières où remonte la mer. La Nive et l'Adour la partagent en trois quartiers à peu près égaux, distingués par les dénominations de Grand-Bayonne, Petit-Bayonne et faubourg du Saint-Esprit. Ses rues sont larges et bien percées, ses maisons bien bâties, ses places publiques décorées de beaux édifices, au nombre desquels il faut compter la cathédrale et l'hôtel des monnaies.

Le Grand-Bayonne est dominé par un vieux château, le Petit-Bayonne par un château moderne, et le faubourg du Saint-Esprit par une citadelle, ouvrage de Vauban, et rendue importante par des travaux récens. Cette place est mise au rang des places fortes de première classe; son port, d'un accès difficile pour les gros navires, est sûr et très-fréquenté; on y fait le grand et petit cabotage, et des armemens pour la pêche de la morue. Cette ville vous plaira beaucoup; vous y trouverez les mêmes facilités pour l'instruction et les mêmes objets d'agrément que dans les grandes villes que nous avons déjà visitées. On n'y manque pas de promenades, mais la plus agréable et la plus fréquentée est celle que l'on désigne sous le nom d'*Allées marines* ou *maritimes*. C'est une espèce de jetée, plantée d'arbres, entretenue et sablée avec beaucoup de soin. L'un des côtés est bordé de jolies maisons; de l'autre règne un quai magnifique, où viennent s'amarrer les navires.

Les environs nous offriront aussi des objets de curiosité. Nous y ferons quelques excursions, et nous irons jusqu'au village de *Biaritz*, célèbre par ses grottes situées sur la côte; on s'y rend de très-loin pour prendre des bains de mer. La côte y est très-enfoncée, la marée y monte très-haut, et les vagues, poussées par les vents du nord et de l'ouest et brisées par les écueils, produisent sans cesse un fracas épouvantable; leur poids et leur agitation continuelle ont déchiré et creusé dans tous les sens la rive, objet de leur fureur. Les débris entassés et renversés les uns sur les autres ont formé des masses d'un aspect imposant. Mais de toutes les grottes de ces lieux, la plus vaste est celle connue sous le nom de *Chambre d'amour*, dont la forme représente un demi-cercle grossièrement tracé, de trente-six à quarante pas de diamètre. L'entrée d'abord élevée diminue graduellement jusqu'au fond de la grotte; elle s'encombre peu à peu de sable, et il est probable qu'elle disparaîtra un jour entièrement.

Ce département, arrosé par l'Adour, la Bidouze, la Nive, la Bidassoa, le Gave de Pau, le Gave d'Oleron et autres rivières, est peuplé de plus de 420,000 âmes. Les montagnes renferment des sources salées, des eaux minérales, des mines d'argent, de cuivre, de fer; des carrières de marbre de diverses couleurs, de granit, d'albâtre. Les forêts sont peuplées d'arbres d'une hauteur prodigieuse.

DÉPARTEMENT DES LANDES.

Le nom seul du *département* des *Landes* est capable d'effrayer quiconque se propose de le parcourir. Il ne faut pas cependant, mes amis, vous arrêter à ce qu'indique cette expression. La totalité du territoire ne se compose pas à beaucoup près de plaines couvertes de sables et de bruyères. L'Adour et la Lay, qui descendent des Monts Pyrénées, arrosent encore dans ce département des terres couvertes de maïs et de froment, et laissent sur leur gauche de rians côteaux chargés de vignes. Ce n'est qu'après avoir franchi l'Adour que l'on commence à voir ce que l'on appelle les Landes. Au reste il ne faut pas vous attendre à rencontrer des villes aussi intéressantes que celles que vous avez visitées jusqu'à présent, et il est probable que nous ne séjournerons dans aucune aussi long-temps que nous l'avons fait à Pau, à Bayonne et dans quelques autres d'un intérêt égal.

Dax, sur l'Adour, sera la première ville où nous nous arrêterons. Elle est assez bien bâtie, entourée de vieilles murailles, et défendue par un vieux château flanqué de tours. Ce n'est que la résidence d'un sous-préfet, mais on y trouve un cabinet d'histoire naturelle, renfermant une belle collection de coquilles trouvées dans les environs, un hospice bien tenu, une fontaine bouillante dont les eaux se réunissent dans un bassin pentagone de vingt à vingt-cinq pieds de profondeur, entouré de portiques et de grilles de fer. Leur évaporation est telle que, dans les matinées fraîches, les vapeurs qui s'en exhalent s'élèvent en un brouillard épais qui couvre toute la ville. Dax est une ville commerçante. Elle est la patrie du chevalier Borda, inventeur du cercle de réflexion, et de Vincent-de-Paul, que l'église honore comme un saint, et que l'humanité tout entière vénère comme un bienfaiteur.

Sur la rive gauche de l'Adour, nous visiterons *Saint-Séver*, dont le territoire renferme des eaux minérales sulfureuses, des sources salées, des carrières de marbre et de pierres de taille, ainsi que des carrières de plâtre. *Aire*, située sur la même rivière au pied d'une montagne, est le siége d'un évêché. Vous y verrez avec plaisir l'hôtel de ville et les casernes qui se font remarquer par leur belle construction. Traversons *Tartas* sur la Midouze, affluent de l'Adour. C'est une jolie petite ville qui s'élève en amphithéâtre sur la pente d'une colline. Il ne nous restera plus à voir que le chef-lieu du département.

Mont-de-Marsan est son nom. Cette ville, située au confluent de la Douze et du Midou, dont les eaux réunies la baignent, est le siége des autorités. Elle n'est pas grande, mais elle a de l'importance en raison de sa position qui l'a rendue l'entrepôt du commerce de la contrée. Ses eaux minérales, dont il y a quatre établissemens, contribuent aussi à sa prospérité. Vous n'êtes pas nés dans un pays commerçant, et ce n'est pas là ce qui vous intéresse le plus; mais il faut que vous sachiez que c'est le commerce qui enrichit les nations, qui contribue à civiliser les peuples par l'effet des communications. Il est vrai que l'avidité des nations commerçantes a souvent engendré des guerres, fait commettre des injustices, mais le monde est un mélange de bien et de mal; la providence le permet ainsi, et nous devons respecter ses décrets.

Mont-de-Marsan n'est pas dépourvue d'édifices. L'hôtel de la préfecture et le palais de la cour d'assises peuvent être cités comme faisant l'ornement de la ville, qui possède aussi une bibliothèque publique et un théâtre.

Ce département, arrosé par l'Adour, le Gave de Pau, la Douze, le Midou, le Lay de Béarn, le Loutz, le Bez et la Bidouze, n'est peuplé que de 256,400 habitans, dont une partie est disséminée dans une immense forêt de pins maritimes, qui se déploie en une longue bande verdâtre près des bords de l'Océan. Les chefs de famille s'occupent de la culture et des travaux rustiques, tandis que les jeunes gens vont à dix lieues à la ronde faire du charbon dans les forêts ou mener paître les troupeaux. Habitués dès l'enfance à marcher à l'aide de longues échasses, ils parcourent leurs déserts avec une vitesse surprenante. Ces landes ne sont cependant pas sans résultat pour l'industrie. Le paysan cultive le chanvre et fabrique de la toile à voiles, et il retire un produit considérable du goudron de ses sapins.

Dès que les Landais sont arrivés au lieu de leur destination, pour le pacage des troupeaux ou la fabrication du charbon, ils se construisent une cahutte avec des branches d'arbres. Les femmes sont grossièrement vêtues, leur corset laisse voir la gorge; les jours de travail, elles mettent sur leur tête cinq à six pièces de gros linge qui forme une capuche; mais les jours de fête, leur bonnet est garni de barbes avec un bord rouge dentelé. Le costume des hommes est un gilet court avec des manches qui descendent jusqu'aux poignets. Les bergers mettent ordinairement pardessus une peau de mouton, un grand manteau d'un gris sale, et sur la tête un capuchon qui tient au manteau. Les paysans plus riches portent souvent un berret semblable à celui des Béarnais.

Les Landais sont très-religieux; on s'en aperçoit à l'entrée de chaque maison, où une croix est peinte sur la porte. Celle de saint Jean se voit de tous côtés, ainsi que des images au-dessus desquelles pendent des rosaires. La cheminée est ordinairement décorée des représentations de la Vierge et du Christ, et de saints de plâtre, près desquels est le bénitier, avec une branche de buis ou de palmier.

DÉPARTEMENT DE LA GIRONDE.

Au nord du département que nous venons de parcourir est celui de la *Gironde* qui est aussi, dans quelques parties, couvert des landes qui continuent de s'étendre jusqu'aux rives de la Garonne, et n'en sont séparées que par les riches vignobles de Médoc, de Haut-Brion, de Grave et de Saint-Emilion. La seule ville importante est Bordeaux. Nous nous y transporterons directement, et nous y ferons un long séjour sans craindre d'éprouver le moindre ennui. Je vais vous en donner une idée, afin que vous soyez plus à même d'apprécier les différens objets qui s'offriront à vos yeux dans nos excursions journalières.

Bordeaux, ainsi que vous pouvez le penser, mes amis, est le chef-lieu du département, la résidence du préfet et le siége des autorités principales. Cette ville est située sur la rive gauche de la Garonne; son port, qui peut contenir mille vaisseaux, est un des plus beaux et des plus commerçans de la France. Il est difficile de retenir son admiration à la vue de la belle ligne d'édifices qui le bordent dans toute sa longueur; de cette foule de navires de toutes grandeurs et de toutes nations; du fleuve qui coule avec rapidité, et s'étend sur une largeur de trois quarts de lieue; du pont magnifique qui est composé de dix-sept arches, et qui, jeté sur la partie la plus étroite de la Garonne, forme cependant une étendue de quatre cent quatre-vingt-six mètres de longueur : monument d'autant plus hardi que sa construction paraissait présenter des difficultés insurmontables.

Quand on est placé sur le pont, on voit à droite le Vieux-Bordeaux qui n'offre que des rues étroites et tortueuses, et des places irrégulières. C'est le défaut de toutes les villes anciennes; mais à l'extrémité opposée, on admire le beau quartier, dit des Chartrons, qui est le plus commerçant de la ville, et celui, dit le Chapeau-Rouge, qui est le plus magnifique. La destruction des restes d'un temple antique pour agrandir l'esplanade du Château-Trompette, et ensuite la démolition de ce château, ont laissé un bel emplacement sur lequel on voit s'élever successivement des constructions dignes de cette riche cité.

Le château du Ha, dont il ne reste plus que le donjon, a été transformé en une maison de détention. Sur le port et vis-à-vis du pont se présente la porte de Bourgogne ; c'est un bel arc de triomphe. Vous verrez dans cette ville des places superbes ; celles qui méritent plus particulièrement de fixer l'attention sont la place Royale, plus digne de son nom par les bâtimens qui la décorent que par son étendue ; la place Dauphine, belle et régulière, située à l'extrémité de la jolie promenade appelée les Allées de Tourmy ; enfin la place d'armes, et celles de Saint-Germain et des grands hommes.

Bordeaux renferme un grand nombre de beaux édifices : la cathédrale est un monument gothique dont l'intérieur vaste et imposant est décoré par un autel magnifique ; le grand théâtre d'une architecture élégante, de forme circulaire, est un des plus beaux de l'Europe ; la bourse, dont on admire le vaste dôme pour sa grâce et sa légèreté, est le rendez-vous des négocians de toutes les nations; l'ancien palais épiscopal, érigé en maison royale, est d'une construction régulière et d'une grandeur imposante. Le cimetière mérite particulièrement la visite des voyageurs; les riches y accumulent le marbre et les inscriptions, et l'on y voit des monumens superbes. Il est situé à l'une des extrémités de la ville, dans l'enclos de la Nouvelle-Chartreuse, où se trouve une jolie église moderne, ornée de peintures à fresque.

Une aussi riche cité possède naturellement toutes espèces d'établissemens utiles; je crois inutile de vous en faire la nomenclature, vous serez à même de les voir, et de les comparer avec ceux de même genre que vous avez visités dans les grandes villes où nous avons séjourné. Je remarquerai seulement la galerie de tableaux et le musée des antiques, dans lequel on a rassemblé les tombeaux et les bas-reliefs qui ont été retrouvés dans la ville ou dans les environs, depuis la destruction du temple antique dont je vous ai parlé. Il ne reste plus d'autres traces de la domination romaine, que quelques arcades d'un ancien amphithéâtre de forme ovale, les deux portes d'entrée du palais de l'empereur Gallien et la Porte-Basse.

Bordeaux offre aux étrangers à un très-haut degré, mais à très-haut prix, toutes les ressources des plus grandes villes. Cabinets littéraires, cafés brillans, excellentes auberges; la volaille de Saintonge, les chapons de Barbezieux, les dindes et les pâtés aux truffes du Périgord, les ortolans, les sardines et les vins les plus exquis; c'est véritablement la terre classique pour les gourmets. Ce n'est pas seulement sur les tables que se montre la rivalité des beaux quartiers, elle se montre aussi dans la toilette des dames; si l'un obtient le prix de la richesse, l'autre remporte celui de l'élégance. Les Bordelaises ne le cèdent en rien aux femmes de la capitale sous ce rapport, non plus que pour la grâce et la tournure. Si l'accent gascon a quelquefois de l'agrément surtout dans la bouche des dames, c'est celui de Bordeaux.

Bordeaux est une ville industrielle et commerçante; son commerce est immense, et s'étend sur toute espèce de productions et dans presque tous les pays du monde. Elle a donné naissance au poète Ausone, à saint Paulin, à Montesquieu, à l'ami des enfans, Berquin, à Ducos et à Gensonné.

A trois lieues de Bordeaux est un bourg que l'on nomme le *Bec d'Ambès*, situé au confluent de la Garonne et de la Dordogne. Là, on voit un monticule d'eau de la grosseur d'une tour, et de la hauteur d'une petite maison, qui s'élève, s'allonge d'avant en arrière, roule sur la côte, la remonte et la parcourt avec une rapidité extraordinaire, et un fracas épouvantable. On l'appelle le *Mascaret*, ou en termes vulgaires, le rat d'eau. A la vérité c'est un rat pour la vitesse, mais c'est un lion pour la force. Tout ce qui se trouve sur son passage est brisé et renversé ; les arbres sont déracinés, les barques coulées à fond, les digues abimées, et les pierres lancées quelquefois à cinquante pas de distance. A son approche, les oiseaux et les canards s'enfoncent dans les roseaux ; la frayeur saisit les bestiaux qui paissent dans les environs de la rivière ; tous les animaux sont épouvantés par ce phénomène qui semble annoncer de grands désastres. Le mascaret remonte la rivière, jusqu'à une distance de huit lieues de son embouchure, quitte les bords dans certains endroits, et s'étend sur toute la surface. On suppose que la marée qui, arrivant au confluent de la Garonne et de la Dordogne, se jette de préférence dans la dernière, est la seule cause de ce phénomène.

Après avoir vu Bordeaux, toutes les autres villes vous paraîtront bien médiocres; cependant il faut visiter *Blaye*. Cette ville a acquis quelque célébrité, ne fût-ce que par le séjour qu'y a fait la duchesse de Berry. Mais la tradition nous apprend que c'est dans ses murs que furent inhumés le roi Caribert, mort en 574, et le preux Roland, tué à Roncevaux en 778. Cette ville se divise en deux parties dont l'une occupe la croupe d'un rocher, l'autre la cîme, où s'élèvent quatre grands bastions qui contribuent, avec le fort de Médoc, à défendre l'entrée du fleuve, et les vaisseaux qui arrivent pour Bordeaux sont obligés de déposer leurs canons à Blaye.

Ce département est extrêmement peuplé, et l'on y compte plus de 522,000 habitans; la ville de Bordeaux seule en renferme 100,000. Le territoire est arrosé par la Drôme, la Dropt, l'Isle, la Garonne, la Dordogne et la Gironde. Ses productions particulières sont d'excellens vins qui ont des qualités plus ou moins recherchées, et dont le prix varie suivant le canton qui les produit. Mes enfans, je ne vous en ferai point l'énumération ; on fait peu de cas de cette denrée à votre âge, et ça ne vous amuserait pas. Vous aurez assez d'occasions de les connaître et d'en apprécier plus ou moins le mérite, à mesure que vous avancerez dans le monde. Les objets qui doivent vous intéresser pour le présent, sont ceux qui tendent à votre instruction, et j'ai remarqué avec plaisir que ceux-là seuls vous ont principalement occupés depuis que nous sommes en France.

DÉPARTEMENT DE LOT-ET-GARONNE.

Si l'on jugeait de l'importance du *département* de *Lot-et-Garonne* d'après la fertilité des larges vallées qu'arrosent ces deux grands cours d'eau, on pourrait le ranger parmi les plus riches ; mais les landes qui en font partie, les côteaux situés entre la Garonne et le Lot, qui n'offrent à la vue qu'un terrain rebelle à la culture, et plusieurs cantons couverts d'une argile ferrugineuse peuvent faire placer la moitié de son sol parmi les terrains ingrats. Ce désavantage semble devoir influer sur les villes ; cependant elles ne sont pas dénuées d'intérêt, et il en est plus d'une que vous aurez du plaisir à voir.

Marmande sera notre première station. C'est une jolie ville bien bâtie ; elle a des rues larges, une belle fontaine, et des fabriques de toiles, de cordages, etc., qui sont en grande activité. Sa situation sur la Garonne est d'un grand avantage pour son commerce. *Tonneins*, sur le même fleuve, bâtie dans une plaine fertile et vaste, ne consiste qu'en une seule rue longue et large, bordée de belles maisons. Vous y verrez l'hôtel de la mairie, dont la façade décore une grande et belle place, près de laquelle est une esplanade plantée d'arbres, qui domine le cours de la Garonne, et dont la vue s'étend au loin dans la plaine. Elle a de très-belles manufactures de tabac, dont les amateurs de cette poudre font grand cas. Ses promenades sont jolies, et ses environs fertiles et pittoresques.

Villeneuve d'Agen, située sur le Lot, est une des plus agréables villes de ce département. Sa position et les promenades plantées sur l'emplacement de ses anciennes fortifications en font un séjour charmant. La rivière la divise en deux parties. Celle du nord, qui est la plus considérable et la plus régulièrement bâtie, communique à l'autre par un pont aussi ancien que la ville, et dont l'arche principale à cent huit pieds d'ouverture, et cinquante-cinq de hauteur.

Agen, située sur la rive droite de la Garonne, est le chef-lieu, le siége des autorités, et la ville la plus importante du département. Elle est mal bâtie, ses rues sont étroites et mal percées, ses maisons peu commodes et sans élégance, mais son pont sur la Garonne est assez beau. Ses promenades sont magnifiques et ses environs délicieux. Agen est le siége d'une cour royale et d'un évêché; on y trouve une bibliothèque publique, un théâtre, quelques restes d'antiquités romaines, des vestiges de bains et d'arènes. On y voit aussi un rocher curieux, une chapelle et des cellules taillées dans le roc, qui offrent une vue admirable. Les édifices les plus remarquables sont la basilique de Saint-Caprais, l'hôtel de la préfecture, le dépôt de mendicité, et les travaux du pont sur la Garonne. Agen est la patrie de Joseph Scaliger.

Nous ne quitterons point ce département sans visiter *Nérac*, chef-lieu de sous-préfecture. C'est une petite ville fort jolie, située sur la Bayse qui la traverse et va se perdre dans la Garonne. Nous y verrons un beau château gothique qui fut la résidence des rois de Navarre, une belle statue de Henri IV, et une halle immense. La population de ce département s'élève à 532,000 habitans, dont l'industrie a créé des fabriques d'objets utiles, qui, jointes aux diverses productions de leur territoire, donnent au commerce une assez grande activité.

DÉPARTEMENT DU GERS.

Le *département* du *Gers*, vers lequel nous nous dirigerons, et dans lequel nous ne tarderons pas à entrer est essentiellement agriculteur; de vastes plaines abritées par des collines en composent la majeure partie. L'air y est pur et le climat tempéré.

Condom, la première ville que l'on rencontre en remontant la rivière de Bayse qui la traverse, était autrefois le siége d'un évêché qui fut occupé par le célèbre Bossuet. Aujourd'hui c'est le chef-lieu d'une sous-préfecture ; elle est passablement peuplée, mais elle n'offre rien de bien remarquable. Cependant l'église Saint-Pierre, l'ancienne cathédrale, mérite d'être visitée. C'est un édifice gothique, bâti, dit-on, par les Anglais, et dont la large voûte est regardée comme un chef-d'œuvre en fait de hardiesse. La Bayse y fait mouvoir un grand nombre de moulins à farine. Condom est la patrie de l'historien Dupleix, et du maréchal de Montluc, si connu par ses atrocités.

Lectoure, située sur une montagne baignée par le Gers, est une ville fort ancienne. D'une de ses places appelée le Bastion, on jouit de la plus riche perspective que la nature puisse offrir. On voit d'abord de gras pâturages, à travers lesquels la rivière coule en serpentant; une antique forêt borne leur étendue. Au-dessus et sur les côtes de la vallée s'élèvent des côteaux couverts de vignobles, de maisons agréables, de villes et de villages. La vue s'étend dans le lointain jusqu'à la cîme des Pyrénées. Cette ville, entourée de murailles, est la patrie du maréchal Lannes.

Auch, anciennement capitale de la Gascogne, est aujourd'hui le chef-lieu du département, le siége des autorités et la résidence du préfet. Cette ville est bâtie sur le revers d'un côteau, et présente un amphithéâtre dont la perspective prévient d'abord en sa faveur. Elle est divisée par le Gers en haute et basse. Un escalier d'environ deux cents marches conduit à la partie supérieure. Ses rues sont étroites et tortueuses, mais bien pavées et propres. Ses places publiques sont régulières et ses promenades agréables. On y trouve une bibliothèque publique assez bien pourvue, et une salle de spectacle fort jolie. Voilà de quoi nous occuper. Puis nous visiterons successivement la cathédrale dont on attribue la fondation à Clovis. C'est un monument remarquable par l'élévation de ses voûtes, la beauté de ses vitraux et l'élégance de son portail qui est moderne, et où l'ordre corinthien se mêle au composite. La haute ville renferme une belle place terminée par une promenade d'où l'on découvre les Pyrénées, et qu'elle doit, ainsi que plusieurs autres embellissemens, à M. Détigny, à qui la reconnaissance publique a fait élever une statue. Auch est la patrie du cardinal d'Ossat, du facétieux Roquelaure dont on a publié les bons mots, de l'amiral Villaret-Joyeuse, et du général Dessoles.

Ce département, qui renferme encore de

petites villes plus ou moins jolies, mais dénuées d'objets de curiosité, est arrosé par le Gers, l'Adour, la Losse, la Gimone et la Bayse; et compte une population de plus de 301,400 habitans, parmi lesquels on remarque des hommes fortement constitués, bien proportionnés, et des femmes distinguées par leur beauté. Les Gascons ont en général de la gaieté et de l'esprit. La réputation qu'ils ont d'être fanfarons et exagérateurs doit être attribuée aux cadets de famille qui, cherchant fortune dans les autres pays, y portaient avec tous les dehors du besoin, leur esprit, leurs hyperboles, leurs saillies, la tournure et la prononciation de ce patois si agréable. Il paraît incontestable que le Gascon, bon, hospitalier, et fidèle en amitié, est de tous les Français le plus gai, le plus enclin à la plaisanterie, et même le moins irascible.

Le patois gascon, si riche et si énergique, est le seul usité dans les campagnes. Il est familier aux habitans des villes, mais il s'y est glissé des mots français que les jeunes gens y ont introduits, à leur retour des armées. Les vieillards sont les seuls qui le parlent encore dans sa pureté.

DÉPARTEMENT DE TARN-ET-GARONNE.

Mes enfans, si nous ne voyagions que pour voir de belles et grandes villes, où l'on se trouve à même de goûter des plaisirs de toute espèce, et de recueillir des objets d'instruction particuliers, nous pourrions nous dispenser de parcourir le *département* de *Tarn-et-Garonne*; mais pour peu qu'on sache observer, il est rare que l'on ne rencontre pas quelque chose d'intéressant à connaître. Remarquez ces champs fertiles et bien cultivés, ces propriétés entourées de haies vives et de cognassiers; quels charmes ils présentent à la vue! Voyez cette population des campagnes, comme la gaieté et la santé sont peintes sur les visages; ils ne paraissent pas avoir ce souci, cette inquiétude qui tourmentent l'habitant des villes, toujours rêvant au moyen d'accumuler richesses sur richesses, comme si le bonheur consistait dans d'immenses possessions.

La première ville que vous verrez dans ce département sera *Montauban*. Elle est située sur le Tarn, qui la divise en trois quartiers et lui procure un grand avantage pour le commerce, en raison de sa communication avec le canal de Languedoc et la Méditerranée. C'est une belle ville, bien bâtie et très-propre; toutes les maisons y sont construites avec beaucoup de goût. Elle n'est point grande, et, quoique chef-lieu de préfecture, elle ne compte pas plus de 26,000 âmes.

L'hôtel de ville et la plupart des édifices publics y sont d'une architecture remarquable par l'élégance et le goût qui ont présidé à leur construction. La cathédrale est plus ancienne que la ville, et n'en est pas moins un très-beau monument, au jugement des connaisseurs. Montauban, bâtie sur une éminence dont la pente est assez douce, offre une vue magnifique, surtout sur la plate-forme, entre les deux principales promenades, d'où l'on découvre, quand le temps est clair, les Monts Pyrénées, à une distance de plus de cinquante lieues.

Cette ville, dont les environs sont ornés de maisons de campagne charmantes, possède une place magnifique que l'on nomme la place Royale. Vous la reconnaîtrez aisément, aux superbes bâtimens dont elle est entourée, et aux huit rues bien alignées qui viennent y aboutir. Le milieu de la place est un jardin public distribué avec beaucoup de goût. Vous trouverez, dans cette ville comme dans tous les chefs-lieux, une bibliothèque publique, une salle de spectacle et de charmantes promenades. Le pont sur le Tarn est très-beau, et peut être compté dans le nombre des monumens qui ornent Montauban. C'est dans cette cité que sont nés Dubelloy et Lefranc de Pompignan, tous deux connus par des travaux littéraires.

Castel-Sarrazin, située dans une plaine fertile près de la rive droite de la Garonne, n'offre rien de remarquable. Nous ne ferons qu'y passer, mais nous nous arrêterons à *Moissac*, qui est plus considérable. C'est une ville ancienne, riche et commerçante, située sur la rive droite du Tarn, près de son embouchure dans la Garonne. La réunion de ces deux grandes rivières favorise ses relations avec la ville de Bordeaux, et contribue à l'agrandissement de son commerce. Le seul objet que l'on y remarque, dans l'intérêt des arts, est une fontaine fort ancienne découverte près de ses murs.

Ce département, composé de cantons distraits de ceux de l'Aveyron, de Haute-

Garonne, du Gers, du Lot et de Lot-et-Garonne, qui l'environnent de toutes parts, est arrosé par l'Aveyron, le Tarn et la Garonne, et peuplé de plus de 228,000 habitans. Les canards et les oies y sont d'une très-belle espèce; la chair en est expédiée en salaisons, et les foies sont employés à des pâtés que les gourmets ou les gourmands estiment beaucoup.

DÉPARTEMENT DE L'AVEYRON.

Le *département de l'Aveyron* est presque entièrement couvert de montagnes dont les pentes sont hérissées de forêts, et les sommets chargés de neiges qui s'y conservent pendant la moitié de l'année. L'air y est très-froid, et les villes qu'il renferme ne présentent qu'un intérêt médiocre. Nous les verrons cependant, en commençant par *Villefranche*, la plus proche du département d'où nous venons de sortir. Elle est placée dans une situation agréable, au confluent de l'Alzon et de l'Aveyron, sur un territoire entrecoupé de prairies, ce qui, dans la belle saison, ajoute quelques charmes à ses environs. Cette ville, où l'on trouve un cabinet de physique et une bibliothèque publique, a vu naître dans ses murs le maréchal de Belle-Isle.

Nous verrons ensuite Rodèz, que l'on écrit aussi Rhodèz ; c'est le chef-lieu du département, et la résidence du préfet. Cette ville, j'en suis fâché pour vous, mes amis, est à la fois petite et laide. Sa situation au bas et sur le penchant d'une colline, au pied de laquelle l'Aveyron roule impétueusement ses flots, contribue à donner aux promenades qui l'entourent, et qui s'élèvent en terrasses, l'agrément d'une vue superbe ; mais aussi le plan incliné dont la ville suit la pente rend les rues montueuses et fatigantes, indépendamment de ce qu'elles sont sales, étroites, tortueuses et obscures. Un grand nombre de maisons en bois, d'autres en pierres, mais mal bâties, et dont le premier étage est en saillie sur la rue, un pavé inégal hérissé de cailloux pointus, la font paraître arriérée de plusieurs siècles.

Le seul édifice que l'on remarque à Rodèz est la cathédrale : l'étendue de sa nef, la hardiesse des voûtes, la beauté des vitraux, le clocher auquel on donne deux cent cinquante pieds d'élévation, la tour principale terminée par une coupole qui porte une statue colossale de la Vierge ;

placent cet édifice au rang des plus beaux monumens gothiques de la France méridionale.

Cette ville, qui n'est peuplée que de 8,000 habitans, a néanmoins une bourse de commerce, une société d'agriculture, un collége royal, une bibliothèque publique, un cabinet d'histoire naturelle et de physique, une pépinière départementale, un dépôt d'étalons, une école de sourds-muets, des bains publics et un théâtre. Vous voyez que, pour une petite ville, elle n'est point mal partagée.

Saint-Afrique, arrosée par la Sorgues qui coule au milieu d'un vallon entrecoupé de vergers, de prairies et de vignes, est une ville infiniment petite. Ses rues sont tortueuses et ses maisons gothiques. Les seules choses que l'on y remarque sont l'hôpital et le temple du culte réformé, ainsi que les jolies promenades dont elle est entourée. *Milhau*, avantageusement située sur le Tarn pour son commerce et ses fabriques, n'a rien de remarquable. On en peut dire autant de *Séverac-le-Château*, malgré la vieille forteresse gothique qui la domine; de *Saint-Géniez*, patrie de l'abbé Raynal. *Espalion*, située sur le Lot, petite ville assez jolie, et traversée dans toute sa longueur par une rue large et bien bâtie, ne nous arrêtera que le temps nécessaire pour prendre un léger repas.

Ce département, arrosé par l'Aveyron, le Tarn, le Lot et autres rivières, est peuplé de 329,500 habitans. Le sol, quoique montagneux, renferme de vastes prairies et de gras pâturages qui nourrissent des mulets, des chevaux, du gros bétail, et un grand nombre de chèvres et de bêtes à laine. C'est avec le lait des brebis mêlé avec un peu de lait de chèvres que l'on prépare le fromage de Roquefort, dont la réputation s'étend dans toute l'Europe.

DÉPARTEMENT DU LOT.

Une rivière qui prend sa source dans les montagnes de la Lozère, devient navigable à Entraigues, passe à Cahors et a son embouchure dans la Garonne, donne son nom au *département* du *Lot*. C'est encore un pays couvert de montagnes, et dépourvu de ces grandes villes qui vous plaisent tant, et qui en effet sont admirables. Eh bien, nous irons directement à *Cahors;* c'est le chef-lieu du département. Cette ville est située sur le Lot, et n'est peuplée que de 12,000 habitans, bien qu'elle soit le siége d'un évêché et des principales autorités. Elle se divise en haute et basse. Ses deux parties se composent de rues tortueuses, étroites et difficiles. Le séminaire et l'évêché sont deux grands bâtimens qui n'ont d'autre mérite que leur grandeur. La cathédrale, qui passe pour être les restes d'un temple antique, est le seul édifice remarquable. La façade est de construction moderne, mais les deux coupoles sont l'ouvrage des Romains.

Il est certain qu'ils contribuèrent à embellir cette ville, car on y trouve encore des vestiges de leurs travaux; tels que les restes d'un théâtre et d'un aqueduc, et, près de l'hôtel de la préfecture, un monument élevé sous l'empereur Auguste. Ces objets regardent les amateurs d'antiquités; mais le monument élevé à Fénélon, illustre archevêque de Cambray, intéresse toutes les classes d'individus, français et étrangers.

Cahors possède un collége royal, une bibliothèque publique, un théâtre, et, sur les remparts, une belle promenade d'où l'on voit le Lot entourer presqu'entièrement la ville, et le rocher sur lequel elle est appuyée. Cette ville est la patrie du pape Jean XXII, du poète Clément Marot, du romancier La Calprenède, du roi temporaire de Naples, Joachim Murat, et du général Ramel.

Souillac, sur la Dordogne que l'on traverse sur un beau pont de sept arches, n'est qu'une petite ville peu propre à attirer l'étranger dans ses murs; mais il existe, non loin d'elle, deux fontaines intermittentes appelées le *Gourg* et le *Bouley*, qui méritent l'attention des curieux.

Celle du Gourg vient du vallon de Blagour, celle du Bouley sort du pied de la montagne du Puy-Martin, où l'on découvre un antre d'environ neuf pieds de profondeur, au fond duquel on aperçoit deux ouvertures presque triangulaires. L'éruption du Bouley est précédée d'un bruit assez fort pour être entendu du haut de la montagne; l'eau sort avec une sorte de sifflement par les deux ouvertures du fond de la caverne, inonde le vallon, déracine les arbres, et cause des ravages dans la campagne. Si les eaux sont abondantes, la source du Bouley est tarie, les deux jets sont sans force, et ne fournissent que quelques gouttes d'eau; mais aussitôt le Gourg soulève ses eaux, et s'élance avec une telle impétuosité, qu'en très-peu de temps le vallon est inondé, et ne présente plus qu'une vaste nappe d'eau. L'éruption du Gourg est toujours annoncée par une espèce de bouillonnement que l'on voit sur la surface de cette fontaine, et peu de temps après, il s'élève du centre une colonne d'eau de la hauteur de douze pieds, qui jaillit pendant trois, sept et même dix heures. A peine l'écoulement de cette fontaine a-t-il cessé, que le Bouley vomit une seconde fois ses eaux avec la même impétuosité. Cette inondation dure plusieurs heures, pendant quatre à cinq jours; mais jamais les deux irruptions ne se font ensemble. On a observé que l'écoulement du Gourg est toujours précédé et suivi de l'éruption du Bouley.

Ce département, arrosé par le Lot, la Dordogne et par plusieurs autres rivières moins considérables, est peuplé de 275,300 habitans.

DÉPARTEMENT DE LA DORDOGNE.

Une multitude de petites collines et de petites vallées coupe, dans tous les sens, le *département* de la *Dordogne*. Il est arrosé par une infinité de sources. On y compte jusqu'à quatorze cents petites rivières ou ruisseaux, abondance d'eau qui suppose de vastes souterrains dans la contrée. La source la plus remarquable est celle de la Doux, qui prend naissance dans une étroite vallée, et remplit un bassin de quatre-vingt-huit toises de circonférence dont on ne connaît point la profondeur.

Sarlat, dans l'arrondissement duquel se trouve cette source, est une petite ville, mal située, dans un fond environné de montagnes, sur un ruisseau dont elle porte le nom et qui va se jeter dans la Dordogne; elle doit son origine à une abbaye de bénédictins fondée par Charlemagne.

A quelques lieues de cette ville, entre le bourg de Miremont et le village de Privaset, il existe une caverne mise au nombre des plus belles grottes de France, et que nous ne manquerons pas d'aller voir. Elle est située aux deux tiers de la hauteur d'une colline tout-à-fait aride; sa profondeur est immense, et ses ramifications s'étendent à l'infini. On a calculé que les détours qu'il est indispensable de faire pour la visiter dans son entier forment un trajet de plus de deux lieues. On ne se hasarde jamais dans ces dangereux souterrains sans le secours d'un guide sûr, et parmi les gens du pays il en est à qui les détours de cette grotte sont aussi familiers que les sentiers pratiqués dans les broussailles.

Bergerac, sur la Dordogne, agréablement située au milieu de riches vignobles, est la plus belle ville de ce département. Elle est aussi la plus commerçante. Ses vins sont généralement estimés. Les blancs s'exportent dans la Hollande, et les rouges dans l'Amérique. Cette ville entretient, à l'aide de la Dordogne, des relations continuelles avec Libourne et Bordeaux. Elle occupe un grand nombre d'ouvriers dans les fonderies, les forges et les papeteries de ses environs. A huit lieues, à l'ouest de cette ville, on voit encore, au village de Michel de Montaigne, le château où naquit et vécut le célèbre philosophe de ce nom. Dans l'une des quatre tours dont ce donjon est flanqué, on montre le cabinet où il composa ses immortels écrits. Allons-y, mes enfans ; c'est rendre hommage au mérite que de se détourner de sa route pour aller voir les lieux que les hommes illustres ont habités.

Maintenant que nous avons visité la demeure du philosophe français, traversons le plateau aride d'où nous descendrons dans une belle vallée arrosée par la rivière de l'Ille. C'est là que se trouve *Périgueux*, chef-lieu du département, siége d'un évêché et des principales autorités. Cette ville est fort ancienne, ses rues sont noires, étroites, tortueuses. Son vieux quartier désert, appelé la cité, renferme des débris d'aqueducs et de bains publics, quelques restes d'un amphithéâtre; un édifice circulaire de cent pieds de hauteur, sans portes, sans fenêtres, dans lequel on entre par des souterrains, et que le peuple appelle la tour de *Vésunne*; des inscriptions, un musée d'antiquités, plusieurs édifices du moyen âge; l'ancienne cathédrale, l'église de Saint-Front, dont l'architecture rappelle le style du bas-empire. Tous ces monumens d'un intérêt majeur donnent à cette ville un aspect de vétusté qui prouve son importance au temps des Romains, et celle dont elle jouissait encore, lorsque Pépin défit le duc d'Aquitaine sous ses murs. Aujourd'hui, ce n'est qu'une ville de troisième ordre, commerçante, et renommée surtout pour ses pâtés aux truffes.

Si vous voulez, nous irons visiter *Ri-*

bérac. Ce n'est qu'une petite ville, située dans une plaine arrosée par la Drôme; mais on y voit encore les restes d'un vieux château fort qui appartenait aux vicomtes de Turenne. Delà nous gagnerons la petite ville de *Bourdeilles*, sur la rive gauche de la même rivière; c'est dans ses murs qu'est né l'auteur des vies des grands capitaines, etc., connus dans le monde littéraire sous le titre de Mémoires de Brantôme.

Ce département compte une population de près de 453,500 habitans. Son sol, malgré l'abondance extraordinaire des eaux qui l'arrosent, est peu productif. Les vins seuls y sont en grande quantité. Mais sa richesse minérale est de la plus grande importance, et vous avez pu remarquer le parti que l'industrie en tire, en voyant les hauts fourneaux, les feux d'affinerie, les forges à la catalane et les fabriques d'acier que ce département renferme.

DÉPARTEMENT DE LA CHARENTE.

Mes enfans, nous avons déjà visité vingt-huit départemens; ce sont ceux qui composent la région méridionale de la France. Nous sommes maintenant dans la région occidentale, et dans le *département* de la *Charente*, qui doit son nom à la rivière dont il est arrosé. Son sol inégal est entrecoupé, au nord, de collines élevées, et, au sud, de hauteurs et de plateaux peu considérables. Nous verrons d'abord *Angoulême*, chef-lieu de ce département. C'est une ville ancienne, bâtie sur un rocher au pied duquel coule la Charente, et assez élevé pour qu'on la voie de très-loin. L'extérieur présente un aspect qui prévient en sa faveur, mais l'intérieur n'y répond en aucune manière. A l'exception du quartier neuf, le seul que l'on puisse citer, le reste de la ville est composé de rues étroites, tortueuses et d'un accès difficile. Les maisons y sont mal bâties, sans apparence, et mal distribuées. Ce n'en est pas moins une ville importante sous le rapport du commerce et de l'industrie. Le faubourg de l'Ousmeau, bâti en pente au bord de la Charente, renferme de riches papeteries.

Angoulême jouit de tous les avantages d'un chef-lieu; l'on y trouve les établissemens communs à tous, et en outre une école royale de marine. Sa salle de spectacle est très-ordinaire, mais sa promenade est superbe; elle s'élève en terrasse, et sa vue s'étend sur de belles prairies, de riches côteaux et sur le beau pont de la Charente. Cette ville a donné naissance à Marguerite de Valois, au littérateur Balzac, à l'ingénieur Montalembert, et à l'assassin de Henri IV.

Nous ne quitterons point Angoulême sans avoir vu la belle et fameuse source de *la Touvre*, qui n'en est éloignée que d'une lieue et demie. C'est une promenade, nous irons à pied; et comme l'exercice donne de l'appétit, nous mangerons des truites que l'on pêche dans la source même, et qui passent pour être excellentes. Elle est située au bas d'un rocher, et peut être comparée à la fontaine de Vaucluse pour la beauté du site et l'abondance de ses eaux. Elle est très-profonde, et forme en naissant une rivière assez forte pour porter bateau, mais qui n'est pas navigable à cause du grand nombre de rochers dont elle est semée. Cette petite rivière se jette dans la Charente, en un lieu appelé *le Gou*. Ses eaux sont toujours vives, limpides et froides; elles abondent en très-bons poissons.

La petite ville de *La Rochefoucault*, sur la Tardouère, n'a rien d'intéressant que son nom. Elle n'est formée que d'une seule rue, et est dominée par un vieux château gothique où naquit celui de ses ducs qui s'est rendu célèbre par son livre des *Maximes*. Non loin de cette ville est situé le village de *Rancogne*, renommé par ses mines de fer et ses forges, et surtout par ses profonds souterrains appelés *Caves de Rancogne*. C'est une des principales curiosités naturelles de ce département. Ce n'est pas sans quelques craintes et sans quelque danger que l'on se hasarde à y pénétrer; mais la curiosité donne du courage, et je ne doute pas que vous n'ayez l'une et l'autre. Cependant la prudence ne me permet pas de vous exposer au moindre risque, et je vous engage à vous contenter de la relation que je tiens d'un ami qui a visité ces caves, et que j'ai eu soin de conserver.

« Après avoir suivi, pendant un long espace, un chemin souterrain très-étroit, très-incliné, dans une attitude souvent pénible, à la faible lueur d'un flambeau, on parvient à une salle immense qui offre une infinité d'objets curieux. Les parois de ce vaste souterrain sont couvertes et ornées d'albâtre qui se présente sous mille formes différentes, les unes plus singulières que les autres. Ici, la couleur est la même, mais les figures sont variées à l'infini ; là, c'est la couleur qui change et qui, en divers endroits, est parfaitement tigrée ; il semble que l'on voit des tentures de peaux de tigres. Ces espèces de congellations, ces ornemens que la nature a cachés dans le sein de la terre sont ce que les naturalistes appellent des *stalactites*.

» L'eau, en filtrant à travers les pores du rocher, acquiert une qualité lapidifique, ou plutôt entraîne avec elle la matière qui convient à la formation de ces pétrifications, la dépose par couches successives à l'endroit où elle prend son issue ; et ce dépôt, après une révolution de plusieurs siècles, acquiert un certain volume et de certaines figures, que le suintement de l'eau, et les effets que ce suintement nécessite de telle ou telle manière. Il y en a de très-bizarres ; quelques-uns représentent des draperies, d'autres des fruits, d'autres des ouvrages de sculpture.

» Dans ces souterrains sont deux ruisseaux. L'un peut avoir deux pieds de largeur. Son eau est limpide, sans odeur, mais elle est chaude. Le second ruisseau coule entre des rochers à une profondeur considérable. Il forme dans son cours un bruit pareil au bourdonnement de grosses cloches. Ces souterrains s'étendent fort loin dans la montagne de Rancogne; ils se prolongent en profondeur et en hauteur, de sorte qu'en les parcourant, on a beaucoup à monter et à descendre. L'air qu'on y respire est tempéré, mais un peu humide, et quand on a passé une heure dans ces cavernes ténébreuses, on revoit la lumière du jour avec un grand plaisir. »

Les autres villes de ce département n'ont rien de remarquable, ainsi nous ne nous y arrêterons pas; prenez seulement note de la population du territoire départemental, qui s'élève à 347,600 habitans.

DÉPARTEMENT
DE LA CHARENTE-INFÉRIEURE.

Le *département* de la *Charente-Inférieure* est ainsi nommé, parce que la Charente y poursuit son cours. Vous y trouverez plus d'alimens à l'instruction et à la curiosité que dans celui que nous quittons. Vous verrez d'abord *Saintes*, ci-devant capitale d'une contrée que l'on nommait la Saintonge, et qui n'est plus aujourd'hui qu'un simple chef-lieu de sous-préfecture. Cette ville se ressent de son origine ancienne; ses rues sont étroites, ses maisons mal bâties; la sous-préfecture, l'ancienne cathédrale, le collége, la salle de spectacle, n'ont rien de remarquable. Mais il faut voir le cabinet de physique et d'histoire naturelle, la bibliothèque publique bien garnie de bons livres; les ruines d'un aqueduc et d'un amphithéâtre, et les restes d'un arc de triomphe en marbre blanc sur le pont de la Charente. Saintes est la patrie de Bernard de Palissy, qui, de simple potier de terre, s'éleva par son génie, au rang des plus célèbres physiciens du seizième siècle.

Laissons Saint-Jean-d'Angely et Marennes, ce ne sont que des petites villes, et hâtons-nous d'arriver à *Rochefort*, chef-lieu de préfecture maritime, et de sous-préfecture civile. C'est ce qu'on peut appeler une belle ville. Elle est bâtie avec régularité; ses rues sont tirées au cordeau, et aboutissent à une belle place plantée d'arbres. L'hôpital militaire, le bagne qui peut contenir deux mille quatre cents forcats, la fonderie de canons, l'arsenal qui renferme une superbe salle d'armes, sont autant d'édifices dignes d'être visités; un vaste réservoir sert, à l'aide d'une pompe à feu, aux arrosemens journaliers d'autant plus nécessaires que, depuis le mois d'août jusqu'au mois d'octobre, l'air de Rochefort est fort peu salubre. Le beau port de cette ville, l'un des plus vastes de France, peut recevoir des vaisseaux de toutes dimensions. On y voit de vastes chantiers de construction, des magasins d'armement, des bassins de carénage, et une belle corderie. Cette place est entourée de remparts qui servent à la fois de défense et de promenade. Quand vous aurez examiné tous ces objets avec l'attention qu'ils méritent, nous partirons pour *La Rochelle*, qui n'est pas moins intéressante.

C'est une ville située sur l'Océan, à l'extrémité d'un petit golfe. Elle passe pour une des plus marchandes et des plus fortes places maritimes de France. La sûreté de son port la rend particulièrement recommandable. Les vaisseaux sont mis en carénage dans un bassin où ils reçoivent leur chargement, quelle que soit l'élévation des eaux de la mer. Ses fortifications ont été faites par Vauban. La Rochelle, chef-lieu du département, est composée de rues bien alignées, de maisons bâties avec goût, la plupart ornées de portiques en arcades. La magnifique place du château, l'édifice de la bourse, l'hôtel de ville, l'hôtel des monnaies sont autant de monumens remarquables. Cette place possède des écoles de navigation et de médecine; une belle bibliothèque, un cabinet d'histoire naturelle, un jardin de botanique et un théâtre, ainsi que les établissemens ordinaires d'utilité. La promenade du Mail est superbe; on y jouit de la vue de l'Océan, où s'élève, sur la droite, l'île de *Ré*, entourée de rescifs et peuplée de pêcheurs; en face, l'île d'*Aix* où les vaisseaux attendent le vent favorable pour appareiller, et sur la gauche, l'île *d'Oleron*, riche en vins et en salines. La Rochelle est la patrie de Réaumur, du pharmacien Seignette, et du médecin Nicolas Venette. Ce département est peuplé de près de 410,000 habitans.

DÉPARTEMENT DE LA VENDÉE.

Une petite rivière, qui n'est navigable que pendant le court espace de six lieues, donne son nom au *département* de la *Vendée* qui, par son dévouement à la cause royale, devint, au commencement de la révolution française arrivée en 1789, le foyer d'une guerre civile, dont les ravages s'étendirent, durant sept ans, sur presque toute la région occidentale de la France, et qui a produit une foule de capitaines plus ou moins illustres dont les noms sont à jamais immortels.

Fontenay-le-Comte est la première ville que nous visiterons. Elle est située dans un vallon agréable, sur la rive gauche de la Vendée. Les restes noirâtres d'un vieux château fort, une église dont la flèche est remarquable par sa hauteur, des halles très-vastes, et des faubourgs plus grands et mieux bâtis que la ville, lui donnent l'apparence d'une importante cité.

C'est dans l'arrondissement de Fontenay que se trouve le célèbre *monastère de la Trappe*, qui ressemble à une simple métairie. On remarque, tout près de la porte du couvent, un petit bâtiment qu'a fait construire le fondateur. Le plus profond silence règne dans cette enceinte. L'église n'a rien de remarquable que des autels tout en bois et des peintures en noir. Dans la salle du chapitre, on lit plusieurs inscriptions, entre autres celle-ci : *Apprenez à obéir, poussière que vous êtes ; apprenez, terre et boue, à vous abaisser sous les pieds de tout le monde.* Le réfectoire offre un carré long. Le dîner des Trappistes consiste en deux plats, ordinairement l'un de gruau, l'autre de pommes de terre, tous deux cuits à l'eau; à côté de chaque religieux est une chopine de cidre et une d'eau. Une heure suffit à ces pieux solitaires pour terminer ce frugal repas, pendant lequel un d'entr'eux lit un fragment de la vie des saints. Cette légère nourriture prise à midi les conduit jusqu'à six heures du soir. Entre les repas, le travail, la lecture et la prière les occupent continuellement. Ils n'ont d'autre récréation que de cultiver la terre dans un jardin qui tient au couvent.

Les Trappistes se maintiennent dans toute l'austérité de leur institution; deux planches posées sur des bancs et une paillasse piquée composent le lit de chaque anachorète, avec un traversin garni de paille pour reposer la tête. Tout dans ces murs porte un air silencieux et mélancolique; tout y annonce les grandes idées du christianisme. Dans cette calme et profonde retraite, on se reporte en imagination à ces siècles reculés des apôtres, à ces vénérables ermites qui entreprirent des voyages lointains dans la terre sainte, à ces solitaires retirés du fracas du monde; on y vit avec l'image de l'éternité, de la vanité et du néant des choses humaines. On ne s'arrache de cette enceinte auguste, que le cœur plein de grandes pensées et de souvenirs impérissables; on demeure étonné du courage de ces hommes qui se renferment dans un cloître où l'on fuit les douceurs de la société, où l'on se reproche les moindres jouissances, et où toutes les affections se concentrent en une seule. Vous les verrez, mes enfans, ces pieux cénobites, et vous admirerez avec moi leur constance inépuisable.

Une route assez monotone nous conduira aux *Sables d'Olonne*, ville partagée par quatre longues rues droites et parallèles, bâtie sur une pointe sablonneuse qui s'avance dans la mer, et est défendue par quelques batteries. Le port, qui ne reçoit que des bâtimens de cent cinquante tonneaux, est séparé du faubourg de la Chaume assis sur un rocher. Cette ville est intéressante sous le rapport commercial. Son port est un de ceux désignés pour l'exportation des grains à l'étranger. On y arme des bâtimens pour la pêche de la morue sur le banc de Terre-Neuve, et sur les côtes on pêche la sardine.

Bourbon-Vendée, chef-lieu du département, est une ville nouvelle bâtie sur l'emplacement d'un bourg appelé la *Roche-sur-Yon*. Napoléon lui donna son nom, et affecta une somme de trois millions pour y faire construire les édifices nécessaires au siége des principales autorités; mais en 1814, lors du retour des princes de la maison de Bourbon, elle quitta son nom nouveau pour celui qu'elle porte aujourd'hui. Tracée sur le plan d'une ville populeuse, la plupart de ses constructions sont restées inachevées. Ses rues sont larges, bien alignées, mais désertes. Il est probable qu'elle prendra quelque accroissement. Il s'y est élevé diverses fabriques, mais son éloignement de toute rivière navigable, et de toute ville importante, ne lui permettra pas de donner de l'essor au commerce et à l'industrie, à moins qu'il n'y ait possibilité d'y creuser quelques canaux qui facilitent ses communications et ses transports.

Ce département, qui compte dans son sein 279,400 habitans, est arrosé par la Vendée, l'Autise, la Sèvre Nantaise, le Vic, le Lagneron, la grande et la petite Maine, la Boulogne et l'Yon. Son sol est divisé en trois parties : le *Marais*, qui comprend tout le littoral, et qui, à force de soins et d'industrie, produit le meilleur blé de France; la *Plaine*, qui se prête à tous les genres de culture, et est fertile en grains de toute espèce; le *Bocage*, entrecoupé de haies et de vergers, couvert de bois et de vignobles, fournit des vins d'excellentes qualités. Vous voyez, mes enfans, que si les villes de ce département ne sont pas brillantes, son territoire est très-important.

Le Vendéen proprement dit, ou l'homme du Bocage, se distingue par une taille médiocre, mais assez bien prise; sa tête est grosse et ronde, son cou épais, son teint pâle, ses cheveux noirs, ses yeux petits, mais expressifs. Le pain de seigle mêlé d'orge est sa nourriture habituelle; sa boisson, l'eau de fontaine, quelquefois du vin qu'il aime beaucoup, mais que lui interdit son économique sobriété. Le Vendéen, d'un tempérament mélancolique, est juste, fidèle à ses engagemens, et capable des actions les plus héroïques pour la défense de sa foi. Son esprit est lent, son courage généreux mais irascible, ses mœurs simples et patriarcales. Isolé au milieu des bois et des montagnes, loin de tout foyer de civilisation, il vit seul dans sa chaumière, et s'il sort pour cultiver son champ, il est encore seul. Des haies impénétrables et de larges fossés le cachent à ses voisins. Ignorant et crédule, le Vendéen est cependant doué d'une certaine mobilité d'imagination qui le rend propre à recevoir des impressions fortes ; delà son goût pour les histoires extravagantes de loups-garoux, de revenans et de tout ce qui tient au merveilleux. Après son curé, le premier objet de vénération du Vendéen est le sorcier du Bocage, espèce de charlatan qui abuse, par les moyens les plus vils, de la crédulité de ses auditeurs.

DÉPARTEMENT DES DEUX-SÈVRES.

Deux rivières, la Sèvre Nantaise et la Sèvre Mortaise, l'une coulant du sud au nord, l'autre de l'est à l'ouest, ont donné leur nom au *département* des *Deux-Sèvres* qu'elles traversent, et que nous trouverons peu riche en villes. *Thouars*, l'une d'elles, est bâtie en amphithéâtre sur une colline autour de laquelle coule le Thouet, et d'où l'on jouit d'une vue magnifique. On y voit encore, malgré les ravages de la guerre civile de la Vendée, le beau château bâti avec la plus grande magnificence, sous le règne de Louis XIII, par la duchesse de la Trémouille.

Bressuire, *Parthenay*, *Saint-Maixent* n'offrent rien à la curiosité. Il ne nous reste à voir que *Niort*, chef-lieu du département, et siége des principales autorités.

Cette ville est située au penchant de deux collines, sur la Sèvre Mortaise, dont la navigation facile pour de grandes barques jusqu'à la mer est très-favorable à son commerce. L'origine de Niort est ancienne, mais les masures dont elle était composée ont été remplacées successivement par des constructions modernes. Les rues y sont larges et bien alignées, les maisons élégantes, les places publiques et les promenades également belles. Vous y verrez avec plaisir une église d'une architecture gothique, bâtie par les Anglais; l'hôtel de ville, ancien palais d'Eléonore d'Aquitaine, dont l'horloge est du quatorzième siècle; et la belle fontaine du Vivier, qui doit ses eaux à un puits artésien. Cette ville possède, outre les établissemens indispensables, une bibliothèque publique et deux salles de spectacle. Niort est la patrie d'Isaac de

Beausobre, de madame de Maintenon, qui y naquit dans une prison, et de Louis de Fontanes. Les environs offrent sur les bords de la Sèvre des points de vue charmans, qui contribuent à l'agrément du jardin public et des promenades.

Ce département, dont la population s'élève à près de 280,000 habitans, est arrosé par la Sèvre Nantaise, la Sèvre Mortaise, le Mignon et quelques autres rivières. Il est couvert de prairies naturelles et artificielles qui fournissent à la nourriture de nombreuses bêtes à corne et à laine, de chevaux excellents, de baudets de la plus haute espèce, et enfin de mulets dont l'exportation contribue principalement à la richesse du pays.

DÉPARTEMENT DE LA VIENNE.

La petite ville de *Civray* est la première que nous offrira le *département* de la *Vienne*, qui doit son nom à une rivière dont il est arrosé, et qui le traverse du sud au nord. Civray ne renferme qu'un seul monument remarquable. C'est une église qui paraît être antérieure à l'établissement du christianisme dans les Gaules.

Montmorillon, autre petite ville située

sur la rivière de Gartempe, offre aux amateurs un monument antique, fort curieux, attribué aux druides, et placé dans l'enclos d'un ancien couvent. C'est un temple gaulois, en ruines, de figure octogone, divisé en deux parties, l'une au-dessus de l'autre, de manière à former deux étages. La partie inférieure est moins vaste, parce que les murs en sont d'une épaisseur énorme. L'autre partie est éclairée par huit fenêtres construites dans huit arcades dont sept sont murées. Celle qui ne l'est pas forme la porte. Un tuyau long de quatre toises traverse du haut en bas la voûte, et procure un faible jour. Les prêtres habitaient, dit-on, un avant-corps d'environ trois toises, pratiqué sur toute la surface d'un des côtés du temple. On voit au-dessus une espèce de petite tour; là, dans l'épaisseur du mur se trouve un escalier qui communique du rez-de-chaussée à l'étage supérieur. La porte principale est du côté opposé, où l'on voit aussi une petite porte qui ouvre sur un chemin large d'une toise et long de cent. On prétend que c'est par ce chemin que les prêtres allaient à la rivière se purifier, avant et après le sacrifice, et qu'ils y conduisaient les victimes.

Huit figures humaines grossièrement travaillées sont au-dessus de la porte du temple. Six de ces figures représentent des hommes différemment vêtus, et séparés de trois en trois. Les deux autres représentent des femmes qui sont aux deux extrémités. Celle du côté droit est nue, et a les cheveux flottans sur les épaules. Elle presse sur sa poitrine deux serpens qui, après avoir entortillé ses jambes et ses cuisses, remontent le long de son ventre vers chacune de ses mamelles. L'autre femme, revêtue d'une jupe et d'un corset peu différens des modernes, et les cheveux divisés en tresses qui pendent sur le devant de ses épaules, tient ses mains appliquées à ses côtés, et renfermées dans des gants d'hommes.

Les antiquaires ont formé beaucoup de conjectures sur ces deux femmes. Ils supposent que la première, entourée de serpens, est une divinité qui représente la lune; que l'autre est une druidesse. Il est probable que les six hommes sont des druides.

Une autre particularité de ce temple, c'est que, dans l'intérieur, huit personnes placées dans ses huit angles peuvent s'entretenir en même temps, chacune avec la personne de l'angle opposé, sans que les six autres puissent les entendre.

Dirigeons-nous vers *Poitiers*, ancienne capitale du Poitou, aujourd'hui chef-lieu du département, siége d'un évêché et d'une cour royale. Située sur une colline baignée par le Clain et la Boivre, elle est encore entourée de murailles flanquées de tours, vénérables témoins de l'invasion des Visigots et de leur défaite par Clovis, et de la célèbre bataille dans laquelle le roi Jean, à la tête de quatre-vingt mille hommes, fut battu par dix mille anglais commandés par le prince Édouard, si connu sous le nom de *Prince-noir*, et fut emmené prisonnier en Angleterre.

Cette vieille cité dont les rues sont étroites, tortueuses, rempantes et escarpées, les maisons mal bâties, conserve cependant des traces de son ancienne importance, dans les restes méconnaissables d'un palais de l'empereur Gallien, d'un amphithéâtre et d'un aqueduc construits par les Romains, et dans le nom d'une rue que l'on appelle encore la *rue des Arènes*. A la place d'un château gothique, dont il ne reste que des ruines, à la vérité imposantes, on voit la promenade du pont Guillon, que la perspective des environs contribue à rendre magnifique. On remarque aussi un monument gaulois, appelé *Pierre-levée*, masse de pierres supportées par cinq piliers. La cathédrale, qui date du onzième siècle, est par son étendue l'une des plus belles de France.

Cette ville qui possède amplement tous les établissemens d'utilité, d'instruction et d'agrément qui se trouvent dans les chefs-lieux, est la patrie de saint Hilaire et de saint Maximien, deux évêques du quatrième siècle; de l'abbé Nadal, et de la Quintinie. Les environs de Poitiers fourmillent de vipères, dont on expédie une grande quantité à Venise pour la confection de la thériaque.

Les deux villes qui nous restent à voir dans ce département sont *Chatellerault* qui est fort jolie, et située sur la rive droite de la Vienne, que l'on traverse pour communiquer avec les faubourgs. Elle est renommée pour la coutellerie. *Loudun*, assise sur un côteau, est de peu d'importance, mais elle a donné le jour à plusieurs hommes célèbres au nombre desquels on cite le poète latin Jean Maigret, Scévole et Abel de Sainte-Marthe, historiens; le médecin Renaudot, à qui l'on doit l'invention de ces feuilles de nouvelles, auxquelles on a donné le nom de journal et de gazette; et le curé Urbain Grandier, brûlé comme sorcier, après avoir été accusé d'avoir ensorcelé les religieuses du couvent des Ursulines, et condamné par sentence d'une commission vendue au cardinal de Richelieu, contre lequel ce curé avait fait une chanson.

Ce département arrosé par la Vienne, la Creuse, la Charente, la Gartempe, etc., est peuplé de 260,700 habitans. Le miel et la cire y sont deux objets de commerce assez important.

DÉPARTEMENT DE MAINE-ET-LOIRE.

La Loire qui coule de l'est à l'ouest, la Mayenne qui s'y jette, et prend le nom de Maine après sa réunion avec la Sarthe, expliquent le nom du *département* de *Maine-et-Loire*. *Saumur*, l'une de ses villes les plus importantes, située sur la rive gauche de la Loire, est le chef-lieu d'une sous-préfecture. Vous y verrez une école royale d'équitation, de magnifiques casernes, une salle de spectacle bâtie sur une promenade, un beau pont de douze arches, au moyen duquel la ville communique avec le faubourg, et un ancien château fort qui sert de dépôt pour les armes et les munitions. L'église de Saint-Pierre, dont le portail est moderne, est d'une construction fort ancienne, et l'hôtel de ville est un édifice gothique. A l'extrémité d'un quai prolongé au-delà du pont et de la promenade, on remarque un bel hospice adossé à une colline qui domine la ville et dans laquelle on a creusé des excavations servant de logement aux aliénés. Saumur est la patrie de madame Dacier.

A quatre lieues sud-ouest de Saumur, est une petite ville du nom de *Doué*, qui est très-ancienne, et offre aux amateurs d'antiquités des objets intéressans. Ce sont les ruines d'un amphithéâtre romain creusé dans le roc, les débris d'un vieux palais du roi Dagobert, et l'une des plus belles fontaines qu'il y ait en France. Elle est construite en forme de fer à cheval, et a soixante-douze pieds de circuit sur deux pieds trois pouces de profondeur. Ses eaux, dont on vante la bonté, se déchargent dans un bassin qui est à sept ou huit pieds au-dessous, et qui a cent cinquante pieds de long. A l'extrémité de ce bassin est un pont de pierres, sous lequel passent les eaux qui servent ensuite à une douzaine de tanneries, font tourner six moulins, et arrosent plusieurs prairies où il y a des blanchisseries de toile.

Les villes de ce département présentent peu d'intérêt à la curiosité; ainsi nous nous bornerons à voir Angers qui en est le chef-lieu. En suivant la pente de la Mayenne, la ville se présente sur le penchant d'une colline, un peu au-dessous du confluent de cette rivière et de la Sarthe. Ses toits couverts en ardoises, les boulevards, les promenades du Champ-de-Mars et de la Turcie, la cathédrale gothique dont les deux flèches s'élèvent dans les airs, l'antique château des ducs d'Anjou dont les dix-huit grosses tours forment une masse imposante, donnent à cette cité une apparence de beauté que son intérieur est loin de justifier. Ses rues sont étroites, ses maisons mal bâties, excepté dans quelques nouveaux quartiers qui bordent les boulevards. Cette ville est le siége d'un évêché et d'une cour royale. La bibliothèque publique est bien fournie; son musée riche en tableaux de l'école Française. Elle a deux salles de spectacle. C'est dans ses murs que sont nés Ménage, Bernier et Jean Bodin.

Ce département est arrosé par la Loire, le Loir, la Sarthe, la Mayenne, le Thouet, le Layon, etc. Sa population s'élève à près de 443,000 habitans.

DÉPARTEMENT DE LA LOIRE-INFÉRIEURE.

Nantes, chef-lieu du *département* de la *Loire-inférieure* qui doit son nom à la Loire qui y continue son cours, la traverse, et y trouve son embouchure dans l'océan Atlantique, Nantes est une des plus grandes, des plus riches et des plus commerçantes villes de France. Elle est située sur la rive droite de la Loire, au confluent de l'Erdre et de la Sèvre avec ce fleuve. Siége d'un évêché et des principales autorités, elle possède un collége royal, une école secondaire de médecine, des écoles de navigation et de commerce, un jardin des plantes important par sa position et son étendue, un beau cabinet d'histoire naturelle, une riche bibliothèque publique, plusieurs établissemens de bienfaisance, et d'instruction pour les enfans pauvres. Nantes est une belle ville où l'on admire la régularité des places publiques, l'élégance des édifices, la beauté des quais, et principalement le quartier Graslin, l'île

Feydeau et le faubourg de la Fosse. On y admire également le port de la Fosse, ombragé par de beaux ormes, et garni de superbes maisons sur une étendue en longueur de près d'une demi-lieue.

Dans le nombre des édifices de cette place, on remarque plus particulièrement la cathédrale, l'hôtel de ville, le palais de la préfecture, la bourse, la halle, la salle de spectacle, la colonne départementale haute de soixante-dix pieds, et le vieux château des ducs de Bretagne qui est assez bien conservé. Les différens quartiers de la ville communiquent de l'un à l'autre, par une douzaine de ponts la plupart très-beaux, ses faubourgs sont considérables; celui de la Fosse est habité par les principaux négocians. La Loire chargée de navires et de bateaux de toute espèce, le riant aspect d'une vaste campagne qui se présente comme un amphithéâtre, les îles charmantes formées par le fleuve, les promenades des environs, tout cela réuni forme un des plus beaux points de vue que l'on puisse imaginer. L'île Feydeau est occupée par de riches marchands dont les maisons sont élégamment construites.

Nantes possède des chantiers de construction, des fabriques diverses pour la marine, et fait un commerce d'importation et d'exportation qui s'étend dans presque toutes les parties du monde. C'est dans ses murs que sont nés le savant Mathurin Veyssière, le poète Réné le Pays, le célèbre marin Cassart, le diplomate Cacault, le mathématicien Bouguer, et le ministre Fouché, duc d'Otrante.

Les autres villes sont d'un rang tout-à-fait inférieur; cependant il en est qui présentent quelque intérêt. La petite ville de *Clisson* rappelle une famille illustre dans les annales françaises; son château est singulièrement remarquable par sa construction et la majesté de ses ruines. Sur la rive gauche de la Loire, et à trois lieues de son embouchure, *Paimbœuf*, qui, au commencement du dix-huitième siècle, n'était qu'un hameau de pêcheurs, est aujourd'hui une ville commerçante et riche, déjà peuplée de 5,000 habitans. On y décharge les grands navires qui ne pourraient pas remonter la Loire jusqu'à Nantes, dont Paimbœuf est le véritable port, et où l'on a établi des chantiers de construction.

Ce département, dont la population s'élève à près de 434,000 habitans, est arrosé par diverses rivières dont les principales sont la Loire, la Sèvre Nantaise, l'Achenau, la Boulogne, la Brive et l'Erdre. Le sol est fertile en vins blancs; et il recèle des minéraux de différentes sortes dont l'industrie tire bon parti; on y voit aussi des manufactures et des fabriques d'objets de tout genre.

Les campagnes, dans ce département, conservent encore quelques vestiges du régime patriarcal. La femme, les enfans, les valets, les servantes, sont aveuglément soumis aux ordres du chef de la famille, et la supériorité d'un sexe sur l'autre y est généralement reconnue. Dans les temples, les hommes seuls approchent du sanctuaire, et toutes les femmes se tiennent au bas de l'église. L'usage presque général de loger toute la famille dans une seule chambre n'admet pas un grand mobilier. Un ou deux lits, quelques meubles et ustensiles à l'usage du ménage, sont les objets indispensables. Quand on y ajoute un buffet ou un vaisselier, quelques pièces de fayence, c'est de l'aisance et du luxe. L'ordre et la nature des repas varient suivant les saisons. Les soupes aux choux, les bouillies de mil ou de sarrasin, un pain de seigle pur, le lait, le beurre, composent la principale nourriture des campagnes; et la propreté y est une vertu générale et caractéristique.

On remarque un peu plus d'élégance dans la mise des deux sexes, sur la rive gauche de la Loire. Chaque canton offre quelques variétés, dans le costume; mais celui des Paludiers, nommé *costume guérandais*, est le plus singulier; le bleu est la couleur favorite. Le costume des femmes est éclatant par l'emploi fréquent des galons et des rubans brochés d'or. Les femmes comme les hommes portent, les jours de cérémonie, des manteaux courts, à collet droit, et qui dépasse la tête. Les noces sont une occasion de plaisir, de faste et de dépense; on y compte souvent plus de cent convives. De longues tables tendues sous des toiles, ou dans les granges, sont tout le jour chargées de viandes; le vin coule partout à grands flots, et le lendemain on boit encore. C'est surtout la danse qui fait le grand plaisir de ces réunions : on en distingue de deux espèces, les *Bretonnes* et les *Rondes*.

DÉPARTEMENT DU MORBIHAN.

Un golfe de quatre lieues de long sur une lieue et un tiers de large, formé par la mer, rempli d'îles la plupart habitées, et environné de villages, a donné son nom au département du Morbihan, dans lequel nous sommes depuis quelques heures. *Vannes* sera notre première station ; c'est le chef-lieu, le siége d'un évêché et des principales autorités. Cette ville située sur la Marle, dans une position avantageuse pour le commerce, est fort ancienne ; elle n'offre que des rues obscures, des constructions noirâtres, des places irrégulières, des édifices publics sans grâce et sans majesté. Son port peu spacieux ne peut pas recevoir de grands vaisseaux. Ce que l'on y voit de plus intéressant, est un hôpital assez beau, une salle de spectacle et deux belles promenades. La visite de cette cité ne vous amusera peut-être pas ; eh bien, nous y resterons peu de temps, et nous partirons pour *Ploermel*.

Cette ville, située au confluent des rivières du Duc et de l'Ouste, paraît avoir été vers le dixième siècle fort importante ; on y voit encore une église gothique ornée de beaux vitraux, et des tombeaux des ducs de Bretagne Jean II et Jean III. A peu de distance de cette cité, vous verrez un étang très-profond, d'environ trois lieues de circonférence, dont les eaux forment, en s'échappant, une superbe cascade.

La place la plus importante de ce département, celle que vous verrez avec plaisir est *Lorient*, jolie ville maritime dont les rues sont larges et régulières, les maisons bien bâties, les places fort belles, les promenades agréables, et le port vaste, commode et sûr. C'est dans cette ville, située à l'embouchure du Scorf dans la baie de Port-Louis, que la compagnie des Indes qui existait autrefois en France faisait ses armemens, et avait ses magasins. Le port n'est plus aussi animé que dans ce temps-là; cependant il s'y fait encore un commerce considérable d'exportation et d'importation. Résidence d'un préfet maritime, et chef-lieu d'une sous-préfecture civile, elle possède des établissemens publics très-importans.

Mais la partie la plus intéressante de ce département est celle maritime. On y remarque l'*Ile aux Moines* et l'*Ile d'Ars*, la *presqu'île de Rhuys*, au centre de laquelle est une petite ville peuplée de 6,000 habitans presque tous pêcheurs; *Belle-Ile en mer*, qui renferme trois petits ports et un bourg nommé Saint-Palais, dans une étendue de six lieues de long sur deux de large; enfin la *presqu'île de Quiberon* où dix mille émigrés, l'élite de la marine française, firent une descente en 1795, accompagnés d'une flotte anglaise qui les abandonna au moment du danger, et fut cause de leur perte. Un monument consacré à la mémoire de cet évènement, dû à la perfidie du gouvernement anglais, sera une tache honteuse pour le ministère britannique de cette époque.

Au nord de Quiberon, sur une hauteur qui domine l'Océan, se trouve un bourg du nom de *Carnac*, qui offre à la curiosité des voyageurs un monument druidique dont on admire la disposition et la grandeur, mais dont on ignore la destination. Il est formé de plus de cinq mille pierres granitiques, grossièrement taillées en forme d'obélisques reposant sur leurs pointes, et disposées en onze rangées perpendiculaires à la côte.

Ce département, dont le sol riche en toutes sortes de productions est arrosé par la

Vilaine, le Blavet, l'Aff, l'Ouste et le Scorf, compte environ 416,300 habitans, dont une partie se consacre à l'éducation des chevaux, des bêtes à laine, et des abeilles dont le miel est estimé.

DÉPARTEMENT DU FINISTÈRE.

Borné au sud et à l'ouest par l'Océan et au nord par la Manche, le *département* du *Finistère* (*Finis-terræ*) est environné d'îles qui bordent ses côtes, contre lesquelles les flots irrités viennent se briser avec fracas et causent de fréquens naufrages. *Quimperlé* sera notre début. C'est une jolie ville avantageusement située au confluent de l'Isole et de l'Ellé, dans laquelle on remarque deux belles rues, une église, l'ancien couvent des Bénédictins converti en hôtel de la sous-préfecture, le pont des Jacobins, et la tour carrée qui domine la grande route. Son port assez fréquenté reçoit des bâtimens de cinquante tonneaux. Cette ville est la patrie de Morellet, neveu du célèbre abbé connu sous ce nom.

Quimper, surnommée *Quimper-Corentin*, du nom de saint Corentin, son premier évêque, est une ville fort ancienne, bâtie sur le penchant d'une colline, au confluent de l'Odet et du Staire. Le quartier le plus ancien, entouré de murailles, s'élève en amphithéâtre, et se ressent de son origine dans toutes ses constructions. Le beau quartier, celui de Saint-Mathieu, renferme des rues moins étroites, des quais assez beaux, des maisons moins antiques, et une promenade charmante, plantée de trois rangs d'ormes qui ombragent le canal dans toute sa longueur. Chef-lieu de préfecture et siége d'un évêché, Quimper possède les établissemens communs aux chefs-lieux les plus ordinaires; le seul monument remarquable est la cathédrale, l'une des plus belles églises de France. Cette ville a donné naissance à deux jésuites célèbres, le P. Hardouin, et le P. Bougeant; au célèbre critique Fréron et au peintre Valentin.

Les villes que vous avez vues dans ce département ne sont rien en comparaison de ce qui nous reste à voir. Hâtons-nous d'arriver à *Brest*, située sur le penchant d'un côteau, à l'embouchure d'une petite rivière; c'est une ville forte dont le port est un des plus beaux de l'Europe. Elle se divise en haute et basse : les embellissemens qui s'y succèdent font plus de progrès dans la dernière, où le quartier de Recouvrance augmente le nombre de ses constructions modernes aux dépens de ses maisons gothiques, et laisse entrevoir l'époque rapprochée qui le mettra en parallèle avec le quartier voisin du port. Dans les rues escarpées et tortueuses de la partie haute, les changemens sont lents et difficiles. Plusieurs maisons ont le cinquième étage au niveau des jardins des autres maisons, et les communications entre les deux parties de la ville n'ont lieu qu'au moyen d'escaliers assez généralement peu commodes.

Le port est revêtu de beaux quais, et entouré de magasins fournis de tout ce qui est nécessaire pour les armemens. La rade, dont l'étendue est suffisante pour contenir cinq cents vaisseaux de guerre, est une des plus aisées à défendre, parce que l'on ne peut y pénétrer que par un canal appelé *le Goulet*. Vous ne vous lasserez point, mes amis, de parcourir cette ville qui offre à la curiosité des objets dignes d'attention : les beaux magasins de la marine, l'arsenal, les casernes, construites sur une longue esplanade, les bâtimens de corderie, le bagne assis sur le sommet d'une colline, les chantiers de construction, les mécaniques, l'observatoire, l'hôtel de ville, la place d'armes, le théâtre, la promenade; ajoutez à tout cela une bourse de commerce, une école spéciale de génie et de navigation; un jardin de botanique, un cabinet d'histoire naturelle, une bibliothèque, et vous pourrez vous faire une idée assez juste de l'importance de cette place et du séjour que nous devrons y faire pour recueillir toutes les notions utiles. Brest, chef-lieu de préfecture maritime, est la patrie de l'auteur dramatique Rochon, et des célèbres marins Kersaint et Lamothe-Piquet.

Quand vous aurez recueilli tous les objets d'instruction que Brest vous présente, je vous ferai voir la plus jolie des villes de ce département. *Morlaix* est son nom. Elle est située sur le flanc de deux collines, à deux lieues de la mer, au confluent du Jarleau et du Kent, qui coulent sous une voûte assez belle, et en s'unissant aux eaux de la mer, forment un port sur la Manche. Ce port est défendu par un château dit du Taureau, bâti par François Ier sur un rocher dans lequel on a creusé des souterrains et des batteries couvertes. La ville est remarquable par la beauté de ses quais, la belle construction de ses maisons, son hôpital, et surtout par l'église de Notre-Dame, dont l'architecture est singulière, et la tour un très-bel ouvrage. On cite encore l'hôtel de ville, le clocher de Saint-Mathieu, l'église de Saint-Martin, la salle de spectacle et les promenades. C'est dans ses murs que le général Moreau a reçu la naissance.

Ce département, arrosé par l'Elorn, l'Aulne, l'Odet, et par plusieurs étangs, est peuplé de plus de 423,000 habitans. C'est dans ce département que l'on remarque des traces des usages de ce que l'on nommait la Basse-Bretagne. Cette partie de la France est curieuse par le peuple qui l'habite. Les Bas-Bretons, je veux dire les gens de la campagne (car les habitans des villes sont à peu près les mêmes partout), les Bas-Bretons ne ressemblent point aux autres français; ils forment dans ce royaume comme une peuplade étrangère, et même à demi sauvage. La première chose qui frappe en eux, c'est leur costume qui est différent du nôtre. Ils laissent pendre leurs cheveux dans toute leur longueur, et sans ordre, sur leurs épaules et sur leur dos. Une petite calotte de laine, quelquefois un chapeau leur sert de coiffure. Ils ont une veste à peu près semblable à celle des hussards, et une culotte large comme on les portait du temps de Henri IV. En hiver ils mettent une espèce de surtout de peau de chèvre avec le poil en dehors. Avec cet habillement digne des sauvages de l'Amérique, ils ont conservé un langage que l'on n'entend plus que dans ces cantons. On prétend qu'ils tiennent ce langage des anciens Celtes, et la moitié d'entr'eux n'entend pas un mot de français. Ils n'ont pas l'air d'avoir la même patrie que nous; leur ignorance est extrême, et leur saleté fait soulever le cœur. Si vous entrez dans la chaumière, ou plutôt dans la hutte d'un Bas-Breton, vous y trouverez la famille et le bétail réunis, à peu près pêle-mêle; une petite barrière de bois sépare simplement le cochon et la vache de la place où l'on mange. Sur les côtés du foyer on a établi deux grands coffres à double étage; c'est là-dedans que couche la famille. Le père et la mère occupent l'étage du bas, les enfans ont leur lit dans celui du haut. Ces grands coffres se ferment ordinairement sur le côté avec une porte en coulisse, dans laquelle on a fait des trous, afin qu'il pénètre, dans l'intérieur, autant d'air qu'il en faut pour ne pas étouffer.

Les habitans du Finistère tiennent singulièrement à la forme et même à la couleur de leurs vêtemens, qui varient d'un lieu à un autre. Lorsqu'on rencontre à la ville un cultivateur, homme ou femme, on peut savoir à peu près, à la manière dont il est vêtu, de quel endroit il est. L'instruction a fait très-peu de progrès dans ces contrées où règne encore la rusticité dans toute la force du mot. Les femmes de ce pays ne sont pas jolies; sur la côte, elles sont basanées, robustes, taciturnes et superstitieuses. Cependant il ne faut pas juger des paysans bretons sur l'apparence; ils sont en général hospitaliers, intelligens et fins; ils ont une raison solide, calculent avec justesse : l'imagination domine chez eux; ils pensent vivre au milieu des ombres, des démons et des sorciers; ils les voient la nuit, le jour, dans les airs, dans les nuages. On a dans ces contrées une grande vénération pour les morts.

DÉPARTEMENT DES COTES-DU-NORD.

Plusieurs baies profondes, et des caps importans, battus par les flots de la Manche, avec laquelle le port de Tréguier communique par la rivière de son nom, distinguent le *département* des *Côtes-du-Nord*. Nous verrons d'abord *Lannion*, petite ville située sur la rivière de Guers, loin des montagnes et près des bords de la mer. Son territoire renferme des eaux minérales, des mines d'argent, de fer et d'améthistes. Delà nous gagnerons *Paimpol*, connue pour la commodité de son port, ainsi que par ses eaux minérales. On y fait des armemens pour la pêche de la morue et du hareng. Nous passerons à *Guingamp*, dont nous admirerons, au dehors, les belles prairies et les promenades charmantes, et dans l'intérieur une belle cathédrale.

Nous nous arrêterons à *Saint-Brieux*, chef-lieu du département, siége d'un évêché et des autorités. Cette ville est située sur la petite rivière de Gouet, à l'embouchure de laquelle elle a un port, au village de Légué, distant de trois quarts de lieue de la mer. Une bibliothèque nombreuse, un bel hôpital, un beau pont en granit sur le Gouet, de belles places, une salle de spectacle et l'église paroissiale qui est, dit-on, un ancien temple des druides ; voilà ce que vous offrira Saint-Brieux. En parcourant son arrondissement, vous verrez une voie romaine, et trois temples dédiés à Mars.

La petite ville de *Quintin*, située sur le Goy, dans un vallon voisin d'une vaste forêt, est renommée pour ses fabriques de toiles fines. On y voit un château d'une architecture singulière, et sur la colline voisine, deux pierres druidiques, hautes de vingt-cinq pieds, dont l'une est encore debout. A l'est du chef-lieu vous verrez la jolie ville de *Lamballe*, divisée en haute et basse. Dans la haute est une grande place assez belle. C'est au siége de cette ville, en 1591, que fut tué le fameux Lanoue, surnommé Bras-de-fer.

Il nous restera à voir *Dinan*, ville forte, assise sur une hauteur escarpée, baignée par la Rance, avec un vieux château qui sert de prison. L'air que l'on respire à Dinan est extrêmement pur, les promenades y sont belles et le séjour en est agréable. A peu de distance de ses murs, on voit dans le fond d'un vallon pittoresque une source d'eau ferrugineuse, qui jouit d'une grande réputation. Cette ville est la patrie de Duclos, membre de l'Académie française, et de Mahé de la Bourdonnais qui, après avoir relevé l'éclat des armes françaises dans l'Inde, n'obtint pour récompense qu'un cachot à la Bastille.

Ce département, arrosé par le Guers, le Trieux, le Gouet, l'Arguenon, l'Ousk et la Rance, ses principales rivières, renferme une population de 552,500 habitans. Son sol est fertile et les pâturages y sont excellens.

DÉPARTEMENT D'ILLE-ET-VILAINE.

Saint-Malo, l'une des sous-préfectures du *département d'Ille-et-Vilaine*, ainsi nommé des deux rivières qui le traversent, est une ville assez importante. Elle est assise sur un rocher, dans la petite île d'Aaron jointe à la terre ferme par la chaussée de Sillon. Bâtie en amphithéâtre, elle est régulière dans quelques parties, et fortifiée par des remparts garnis de promenades, d'où l'on jouit d'un coup d'œil admirable. Le port est vaste, mais environné d'écueils qui en rendent l'accès difficile; la rade est défendue par l'île d'Harbour, et la ville par un château flanqué de quatre tours et par un grand nombre de forts. Cette place commerçante est la patrie de Jacques Cartier, qui découvrit le Canada; du célèbre marin Duguay-Trouin, du géomètre Maupertuis, et du médecin Lamettrie.

Une promenade d'une demi-lieue nous conduira à Saint-Servan, jolie ville moderne, située à l'embouchure de la Rance. Elle est défendue, ainsi que l'entrée de la rivière, par un fort construit sur une hauteur nommée Pointe de la cité. Elle a une rade très-commode et deux ports séparés l'un de l'autre, et destinés l'un à la marine militaire, l'autre au commerce qui y est considérable. Vous remarquerez dans cette place un bel hôtel de la marine, et le canal de communication de la Rance à la Vilaine.

Laissons *Cancale*, puisque vous n'aimez pas les huîtres, et *Dol*, qui n'a de bien intéressant que son église et quelques fabriques, et gagnons *Fougères*. Cette ville, située sur le Couesnon, doit aux incendies dont elle fut victime dans le siècle dernier l'avantage d'être une des villes les mieux bâties du département. Ses environs sont charmans; sa promenade en terrasse est fort jolie. Elle est renommée pour ses teintures, et surtout pour son écarlate. Ce n'est pas là un objet de votre ressort; allons donc à *Rennes*, chef-lieu de préfecture, siége d'un évêché et d'une cour royale.

Cette ville, ancienne capitale de ce qu'on appelait la haute Bretagne, est située sur la Vilaine qui la divise en deux parties. Le beau quartier y est nommé la ville haute, par opposition avec celui qui, sur la gauche du fleuve, porte le nom de ville basse. Un incendie, qui dura sept jours en 1720, et qui brûla plus de neuf cents maisons dans la ville haute, a fourni l'occasion de la rebâtir sur un plan plus régulier, et d'en faire un quartier superbe. Il est peu de places aussi belles que celle du Palais-de-Justice; les maisons qui l'entourent, ornées de pilastres d'ordre corinthien, s'accordent parfaitement avec l'architecture du temple de Thémis, dont quelques salles sont décorées de peintures de Jouvenel et d'élégans arabesques. L'hôtel de ville, plus élégamment construit que le palais, termine une place plantée de beaux tilleuls. Vous trouverez dans cette ville toutes sortes d'établissemens d'utilité et d'agrément, et je pense que vous ne serez pas fâchés d'y faire quelque séjour. C'est à une demi-lieue que se trouve, sur la rive gauche de la Vilaine, le hameau de la Prévalaye, dont les environs fournissent cet excellent beurre recherché et goûté sur les tables des heureux du siècle. Rennes est la patrie du P. Tournemine, jésuite connu par son érudition; de l'historien Labletterie, du procureur-général La Chalotais, de Saint-Foix, auteur des Essais sur Paris, et de Lanjuinais, pair de France.

Vitré vous paraîtra bien triste en sortant de Rennes. C'est une ville qui n'est ni propre, ni bien bâtie; mais vous y verrez la maison qu'habitait madame de Sévigné, pendant la tenue des Etats de Bretagne. Nous trouverons dans les environs de Vitré, patrie de Savary, auteur des Lettres sur l'Égypte et sur la Grèce, des promenades charmantes, une fontaine d'eaux minérales; enfin nous visiterons le domaine des Rochers et son château flanqué de tourelles, où l'on conserve avec le plus grand soin les objets qui ont appartenu à la femme célèbre dont la correspondance occupe une place distinguée dans la littérature française.

Ce département se compose d'une population de plus de 533,000 âmes. Il est arrosé par l'Ille et la Vilaine; la première coule du nord au sud pour se réunir à la seconde, qui dirige son cours de l'est à l'ouest, puis au midi. Le Cher et le Coesnon contribuent aussi à fertiliser son territoire, qui est entrecoupé de collines, et couvert en partie de landes et de bruyères. Dans ce pays qui n'est pas très-riche en blé, on cultive du sarrasin qui fait la ressource des pauvres gens ; on en fait du pain qui est très-noir et peu agréable. Le plus souvent les paysans en composent à chaque repas une espèce de galette qu'ils aiment beaucoup. Chaque famille a, dans sa demeure, un petit moulin de bois attaché au mur ; un instant avant le dîner, on met dans ce moulin une certaine quantité de sarrasin ; quand il est moulu, on sépare tant bien que mal, à l'aide d'un gros tamis, le son de la farine, et l'on délaie celle-ci avec beaucoup d'eau dans une terrine. Pendant ce temps-là, une plaque de fer ronde chauffe sur le feu ; lorsqu'elle est assez chaude, on la frotte avec un peu de beurre, puis on répand dessus quelques cuillerées de la pâte de sarrasin, qui s'étend sur toute la plaque et cuit d'autant plus vite qu'elle est extrêmement mince. Quand elle est cuite d'un côté, on la retourne de l'autre ; c'est ce qu'ils appellent de la galette. Dans quelques cantons de la Bretagne, les châtaigniers fournissent, comme dans notre pays de Corse, un surcroit considérable de subsistance.

DÉPARTEMENT DE LA MAYENNE.

Le *département* de la *Mayenne* est ainsi appelé du nom de la rivière qui le traverse, du sud au nord, dans toute sa longueur, et qui arrose ses trois chefs-lieux, dont l'un est *Château-Gontier*, résidence d'un sous-préfet. Ce serait une assez jolie ville, si ses rues étaient alignées. Elle est séparée, par la rivière, de son principal faubourg. La promenade en est agréable, avantage qu'elle doit principalement à sa vue sur le bassin de la Mayenne, dont les rives sont bordées de noyers, de vergers et de prairies, et dominées par des escarpemens d'où resulte le plus bel effet. *Craon* est une trop petite ville pour nous y arrêter, mais elle mérite d'être citée, parce qu'elle a donné naissance au célèbre Volney.

Mettons-nous en route de bonne heure afin d'arriver au chef-lieu qui a nom *Laval*, et où siégent les autorités. C'est une ville industrieuse, dont la population s'élève à plus de 18,000 habitans. Sa situation entre deux montagnes, qui forment une belle vallée, et sur le bord de la Mayenne qui la divise en deux parties, est infiniment agréable; mais son intérieur l'est beaucoup moins. Les rues en sont étroites, les maisons mal bâties, les places peu spacieuses. Elle est ceinte de murailles à l'antique, et protégée par deux châteaux dont l'un, au milieu de la ville et sur les bords de la rivière, a été transformé en maison d'arrêt; c'est celui qu'habitaient les ducs de ce nom. La halle aux toiles, dont on fabrique une quantité considérable dans la ville et dans les environs, est un bâtiment vaste et très-élevé qui mérite d'être vu. Laval a donné naissance au médecin Guillaume Bigot, et à Ambroise Paré, célèbre chirurgien.

Dans les environs de cette ville, nous verrons les grottes de sauges, que l'on désigne dans le pays par le nom de *Caves à Margot*, et que leurs stalactites rendent très-curieuses. Elles se composent de plusieurs salles, les unes octogones, les autres irrégulières et de diverses grandeurs. Les voûtes en sont formées par des rochers, dont plusieurs sont tellement fendus qu'ils semblent sur le point de tomber; l'entrée de quelques salles est bouchée par des blocs de rocher dont deux s'élèvent jusqu'à la voûte.

On trouve d'espace en espace des espèces de nappes d'eau peu larges et peu profondes. La voix, répercutée par les concavités, se multiplie et se prolonge jusque dans ses moindres inflexions.

Ce département que nous ne quitterons qu'après avoir vu *Mayenne*, ville qui a deux jolies places, offre à peu près le même sol et les mêmes productions que celui d'Ille et Vilaine qui le borne à l'ouest; le nombre des habitans s'y élève à plus de 344,000. Les ouvriers y trouvent de l'occupation dans des fabriques diverses, dans six hauts fourneaux, et quatorze feux d'affinerie.

DÉPARTEMENT DE LA SARTHE.

Le Mans, placé au centre du *département* de la *Sarthe* qui doit son nom à la rivière qui le traverse, est la ville la mieux située pour le rang de chef-lieu qu'elle y occupe. Sept grandes routes y aboutissent, et les peupliers dont elles sont bordées ajoutent à la beauté de ses environs. Le quartier situé sur la rive droite de la Sarthe annonce, par ses rues étroites et tortueuses, pavées de cailloux, et impraticables aux voitures, l'ancienneté de sa construction. La ville haute est mieux batie ; les maisons y sont construites en pierres de taille et couvertes en ardoises ; mais la plus belle partie de la ville est le quartier neuf, résidence de toutes les sommités industrielles et financières. C'est là que se trouvent l'hôtel de la préfecture, et la bibliothèque publique qui est considérable.

Le Mans, siége d'un évêché, possède des édifices remarquables, parmi lesquels on distingue l'hôtel de ville, celui de la préfecture, l'ancienne abbaye des Bénédictins, et surtout la cathédrale, dont la construction souvent interrompue a duré six cents ans. C'est un mélange d'architecture romaine et d'architecture gothique : des assises de pierres alternent avec des rangs de briques ; dans l'intérieur, des arcades cintrées, des ogives à l'extérieur forment, au premier coup d'œil, un mélange singulier qui se marie assez bien aux reflets éclatans de ses vitraux gothiques. Près de cette église existe encore l'habitation qu'occupait Scarron, lorsqu'il venait faire son service de chanoine.

Vous verrez, dans cette ville, une belle salle de spectacle, neuf places publiques et deux promenades très-agréables. Celle, dite des Jacobins, ombragée de tilleuls et bordée de terrasses, est sur l'emplacement d'un amphithéâtre romain. Le Mans est renommé pour ses étamines et ses bougies, ainsi que pour ses poulardes.

Mes enfans, partons pour *la Flèche*. C'est une petite ville située sur le Loir, dans un vallon charmant, entouré de côteaux couverts de vignes et de bocages. Siége d'une sous-préfecture, elle est riche, bien bâtie, et possède une bibliothèque bien garnie et un théâtre. Ce qui lui donne le plus d'importance est l'école militaire préparatoire, placée dans un superbe collége fondé par Henri IV en 1603. Cette ville ne manque point d'objets de curiosité : la place neuve, l'hôtel de ville, l'église Saint-Thomas, le riche portail du collége, la promenade qui borde la rivière, un aqueduc de plus de cinq cents toises de longueur, sont autant de choses et de monumens qui méritent d'être vus. Au-delà du Loir, nous trouverons le château bâti par Fouquet de la Varenne. On y voit une belle orangerie, des jardins, des prairies, et un beau mail qui sert de promenade publique. C'est dans le collége de la Flèche que furent élevés le célèbre prince Eugène de Savoie, l'illustre

Descartes, et l'abbé Picard, astronome.

Dans l'arrondissement de la Flèche, vous verrez la jolie petite ville de *Lude*, au pied de laquelle coule le Loir. On y remarque un bel hôpital, et un château flanqué de grosses tours et orné de scupltures de très-bon goût. Les bâtimens en sont superbes, mais rien n'est beau comme les jardins, les prairies et les canaux qui en sont les accessoires.

Ce département, arrosé par la Sarthe, le Loir et l'Huysne, peuplé de plus de 428,400 habitans, possède encore la ville de *Sablé*, aussi agréablement située que la Flèche. C'est un amphithéâtre dont la Sarthe baigne le pied. Ses environs sont fertiles et rians, ses maisons bien bâties, et ses rues pavées avec soin. Elle renferme un très-beau château bâti sur la plate-forme d'un rocher élevé, dominant à pic sur la Sarthe, et offrant une belle vue du cours élargi de cette rivière bordée de riches prairies; on y voit aussi un pont en marbre noir, tiré des carrières de ses environs. Ici se termine ce que l'on nomme la région occidentale de la France.

DÉPARTEMENT D'INDRE-ET-LOIRE.

Mes amis, vous allez parcourir la région centrale de la France, qui, comme la région de l'ouest, se compose de treize départemens. Celui d'*Indre-et-Loire*, dont nous approchons, vous offrira d'abord le beau pays de la Touraine. La douceur de son climat, la fertilité de ses vallées, la beauté des bords de la Loire dont le cours majestueux est bordé de côteaux couverts de vignes, de vergers, de châteaux et de villages, tout se réunit pour en rendre le séjour agréable et salutaire.

Tours, située dans une belle plaine, entre la Loire et le Cher, est le chef-lieu du département et le siége d'un archevêché. Cette ville est grande, belle et riche. Son entrée, en y arrivant par les bords de la Loire, est magnifique. Une place circulaire précède un pont fort beau qui aboutit à une autre place, où l'on s'arrête involontairement pour admirer la rue Royale, l'une des plus belles qu'on puisse voir. Large, bien alignée, garnie de trottoirs, bordée de beaux hôtels et de boutiques élégantes, elle traverse la ville dans toute sa longueur, et se croise avec plusieurs rues également bien alignées et modernes.

Cette ville est ancienne, et n'est pas généralement belle. Les vieux quartiers sont composés de rues étroites et tortueuses, de maisons bâties sans goût, mais les constructions qui s'y succèdent peuvent faire juger de ce qu'elle sera dans la suite.

Parmi les édifices publics, on distingue particulièrement la cathédrale dont la construction est d'un beau style gothique, et la nef très-vaste. Le buffet d'orgue est remarquable par sa grandeur et ses ornemens; les beaux vitraux du chœur brillent des plus éclatantes couleurs; enfin son portail est magnifique. Vous verrez avec autant de plaisir que d'intérêt le palais de l'archevêché, l'hôtel de l'Intendance, les quais et les promenades. Le musée de peinture se compose d'une collection de tableaux dont quelques-uns sont dûs aux plus grands maîtres. La bibliothèque publique renferme des éditions rares et des manuscrits. Cette ville est manufacturière et commerçante; ses environs produisent d'excellens fruits et surtout des pruneaux qui sont estimés. Les hommes distingués qu'elle a vus naître sont Julien Le Roi, horloger, le P. Rapin,

Destouches, auteur dramatique, le chanoine Grécourt, et Dutens, auteur d'écrits sur la numismatique.

A cinq lieues de Tours, au confluent de la Loire et de la Masse, se présente *Amboise*, ville mal bâtie, mais célèbre par la conjuration des Guises. C'est dans ses murs que Charles VIII a commencé et terminé son existence; le poète Commire est aussi un de ses enfans. La petite ville de *Luynes* sur la Loire n'appellera notre attention que parce qu'elle a donné naissance à Paul-Louis Courrier, l'un de nos plus savans hellénistes, qui mourut victime d'un assassinat.

Chinon, sur la Vienne, n'est point une belle ville, mais c'est dans un château dont elle conserve les ruines que mourut Henri II, roi d'Angleterre, et que Jeanne d'Arc vint offrir à Charles VII de délivrer la France du joug des étrangers. Ce fut dans le voisinage de Chinon que naquit le célèbre curé de Meudon, connu sous le nom de Rabelais.

Ce département, arrosé par la Loire, la Vienne, le Cher, l'Indre et la Creuse, et peuplé de 282,000 habitans, renferme encore, entre autres villes, *Loches* située près d'une grande et belle forêt, et s'élevant en amphithéâtre ; elle est ancienne, et paraît avoir été considérable. On y voit encore une tour carrée qui est de construction romaine, et a fait partie du château où Charles VII se divertissait, tandis que les Anglais travaillaient à le dépouiller de ses états. Louis XI en fit une prison d'état, où il tint renfermé, dans une cage de fer, le cardinal la Ballue pendant onze ans.

DÉPARTEMENT DE LOIR-ET-CHER.

Blois, située sur la Loire, dans une des plus agréables contrées de la France, et chef-lieu du *département* de *Loir-et-Cher*, est une ville ancienne, et conséquemment mêlée de vieilles et de modernes constructions. Les vieilles se trouvent sur une hauteur et forment un quartier composé de rues étroites, fortement inclinées, et de maisons bâties sans goût. La ville basse est occupée par des habitations modernes, un quai superbe qui borde la rive droite du fleuve, et un pont de onze arches, orné d'une pyramide haute de cent pieds, lequel communique avec un faubourg. Toute cette portion de la ville est d'un assez bel effet. Dans le nombre des édifices publics, on distingue l'ancienne église des jésuites, bâtie d'après les plans de Mansard, l'aqueduc romain creusé dans le roc; l'hôtel de la préfecture construit sur la partie la plus élevée de la ville, et le château qui vit naître le bon Louis XII, qui fut habité par François Ier et Charles IX, et qui fut le théâtre de l'assassinat du duc de Guise et du cardinal son frère, par l'ordre de Henri III. C'est dans ses murs que sont nés J. Dampierre, J. Bernier, Mariana et Papin.

A quatre lieues à l'est de Blois, le village de *Chambord* attire un grand nombre de curieux empressés d'y voir son château, construit sous le règne de François Ier qui y employa pendant douze ans dix-huit cents ouvriers, et qui, continué sous ses successeurs, ne fut achevé que sous le règne de Louis XIV. C'est un superbe édifice gothique. La multitude de tours et de tourelles dont il est composé lui donne l'aspect d'une ville. On y compte plus de quatre cents chambres, et l'on admire un escalier à double spirale, dans lequel deux personnes peuvent, l'une monter, l'autre descendre sans se voir. Le parc qui en dépend est enceint d'une muraille de sept lieues de circonférence.

Romorantin, patrie de la reine Claude, épouse de François I⁽ᵉʳ⁾, et *Vendôme*, patrie de Ronsart, le poète, sont deux petites villes que je me bornerai à vous citer comme faisant partie de ce département qui compte 227,600 habitans.

DÉPARTEMENT D'EURE-ET-LOIR.

La ville la plus peuplée du *département d'Eure-et-Loir* ne renferme pas 6,000 âmes, les autres sont d'un rang bien inférieur encore; cependant elles sont assez agréables pour engager le voyageur à s'y arrêter. Vous verrez avec plaisir dans *Châteaudun*, située sur la rivière de Loir, une grande et belle place publique, un hôtel de ville, et un collége bien bâti, des rues tirées au cordeau, des maisons uniformes, une jolie promenade, d'où la vue se promène sur le cours tranquille du Loir, bordé de grottes transformées en habitations. Sur le rocher qui la domine s'élève un vieux château des comtes de Dunois, l'un des plus beaux édifices du dixième siècle.

Nogent-le-Rotrou est une longue et petite ville dont les rues sont larges, et les maisons bien bâties. On voit à l'entrée une très-jolie cascade formée par les eaux de l'Arcisse, qui vont mouvoir trois moulins avec une grande rapidité. Nogent est la patrie de Remi Bellau. La ville est dominée par un château gothique dont le principal mérite est d'avoir été la demeure de Sully, ministre d'Henri IV. Passons dans *Dreux*; c'est une jolie ville qui a donné naissance à Godeau, évêque de Vence, au poète Rotrou, et au musicien Philidor. C'est dans les forêts voisines qu'habitaient les druides.

Nous pouvons nous dispenser de voir *Épernon*, située auprès d'une colline escarpée, et dans le fond d'un joli vallon qu'arrosent divers ruisseaux; mais il faudra s'arrêter à *Maintenon*, jolie ville, dont le nom rappelle le souvenir d'une femme célèbre à la cour de Louis XIV. Elle est située dans une vallée, entre deux montagnes, et sur les rives de l'Eure. Vous y verrez un beau château, bâti au seizième siècle, derrière lequel un parc arrosé par des eaux courantes et limpides est traversé par les restes d'un superbe aqueduc, qui a coûté, en constructions inutiles, dix mille hommes et cinquante millions. Derrière les murs du parc s'étend une plaine couverte de monumens druidiques, que les gens du pays désignent sous le nom de *Pierres de Gargantua*. Maintenon est le lieu de naissance de Collin d'Harleville.

Voyons d'abord *Chartres*. J'aperçois déjà les clochers de la cathédrale qui ressemblent de loin à deux noirs obélisques; c'est le chef-lieu du département. Cette ville, située sur la rivière d'Eure, dans une plaine fertile, est le siége d'un évêché. Comme elle est fort ancienne, il serait étonnant qu'elle fût très-belle, mais elle a ses beautés et ses défauts.

La partie basse est assez bien bâtie et renferme une belle place; la partie haute est formée de rues étroites, tortueuses, escarpées; c'est dans celle-ci que se trouve, sur une place peu étendue, un obélisque construit en mémoire du général Marceau. Les vieux remparts ont été convertis en belles promenades, qui descendent en pente vers la ville basse.

L'édifice le plus remarquable est la cathédrale, dont la fondation remonte au onzième siècle. Ses deux clochers qui s'étendent dans les airs, à une hauteur prodigieuse, sont regardés comme les plus beaux monumens d'architecture gothique qu'on puisse voir. Le premier étonne par sa masse énorme, par sa forme pyramidale et bien filée ; l'autre, appelé le clocher neuf, se distingue par la hardiesse du travail, la richesse et la délicatesse de ses ornemens. Ce fut dans cette église admirable qu'eût lieu le sacre d'Henri IV, en 1591. On y voit une belle Assomption de la Vierge, exécutée en marbre blanc par Coustou, et dans une petite chapelle, une Vierge et l'enfant Jésus dont la teinte noirâtre relève l'éclat des atours qui les surchargent.

Cette ville possède tous les établissemens d'usage dans les chefs-lieux, et principalement une bibliothèque qui est nombreuse, et dans laquelle se trouvent environ sept cents manuscrits. Chartres a produit divers hommes distingués. Philippe Desportes et Regnier, son neveu, poètes du seizième siècle ; André Felibien ; le théologien Thiers, savant critique ; Pierre Nicole, l'un des plus estimables écrivains de Port-Royal ; le général Marceau ; les conventionnels Brissot de Varville et Péthion de Villeneuve ; et Olivier de Corancez, créateur de l'ancien journal de Paris, et l'un des rédacteurs de cette feuille périodique.

A trois lieues à l'ouest de Chartres, nous

verrons le bourg de *Courville*, patrie de Pannard, célèbre chansonnier, et dans ses environs, le château Villebron, dans lequel mourut Sully, et que l'on peut regarder comme l'un des monumens gothiques du seizième siècle les plus beaux et les mieux conservés. Ce département est peuplé de 264,500 habitans ; il est riche en céréales.

DÉPARTEMENT DU LOIRET.

De Maintenon à Paris il y a si peu de distance, que nous pourrons y aller sans beaucoup nous écarter de notre itinéraire ; nous y resterons peu de temps, et une route fort belle nous conduira à *Orléans*, chef-lieu du *département* du *Loiret*.

Cette ville, située sur la Loire, siége d'un évêché et d'une cour royale, est grande et bien bâtie, à l'extrémité d'une plaine élevée. Elle est célèbre par le siége qu'elle a soutenu contre les Anglais en 1420, et que Jeanne d'Arc fit lever. Parmi ses monumens on distingue la cathédrale, la maison de ville, le Palais-de-Justice, la tour du beffroi, le monument élevé à Jeanne d'Arc, la salle de spectacle. La plus belle rue est celle qui conduit de la place du Martroi au pont construit sur la Loire, qui est fort beau. Mais le faubourg qui précède la ville en venant de Paris annonce, par son étendue et la belle construction de ses maisons, l'opulence d'une grande cité. Ses anciens remparts s'offrent ensuite transformés en boulevards qui forment une charmante promenade.

Orléans, ville commerçante et manufacturière, est avantageusement placée sous ce double rapport, dans une contrée fertile, à une lieue de l'embouchure d'un canal auquel elle a donné son nom, et qui se joint au canal de Briare, lequel communique à la rivière de Loing et ensuite à la Seine. Cette ville est la patrie du roi Robert, prince lettré; du P. Peteau, savant critique; d'Amelot de la Houssaie, commentateur estimé, de l'historien le Vassor, de l'abbé Gédoin, et du célèbre jurisconsulte Pothier.

L'arrondissement d'Orléans renferme la jolie ville de *Meun*, sur la Loire, patrie de Jean Clopinel, poète qui jouissait de quelque crédit à la cour de Philippe-le-Bel. On y voit aussi *Beaugency*, dont les vignobles sont renommés.

Ce département comprend encore la ville

de *Pithiviers*, dont on vante les gâteaux d'amandes et les pâtés d'alouettes; c'est sur son territoire que se recueille le meilleur safran de l'Europe; *Montargis*, située près d'une belle forêt, au point de jonction des canaux de Briare, d'Orléans et de Loing, assez jolie ville, où l'on voit une église bâtie avec beaucoup de hardiesse, et une belle salle de spectacle : c'est dans ses murs que madame de Guyon a pris naissance; *Gien*, où l'on remarque un beau pont sur le fleuve, et les deux petites villes de *Chatillon-sur-Loing* et *Briare*, qui n'ont rien que l'on puisse citer. Ce département est peuplé de plus de 291,400 habitans. Le Loiret, qui lui donne son nom, est une petite rivière qui compte à peine trois lieues de cours, depuis sa source jusqu'à son embouchure dans la Loire; elle est navigable pendant plus d'une lieue, et ne gèle jamais entièrement.

DÉPARTEMENT DE LA NIÈVRE.

Nevers, patrie d'Adam Billault, poète menuisier, que l'on surnomma de son temps le *Virgile au rabot*, est la seule ville intéressante du *département de la*

Nièvre, dont le nom est celui d'une petite rivière qui y prend sa source et s'y jette dans la Loire. Cette ville, bâtie en amphithéâtre sur le penchant d'une montagne, au confluent de la Nièvre et de la Loire que l'on traverse sur un beau pont, est le chef-lieu de préfecture et le siége d'un évêché. Sa population, doublée depuis quarante ans, surpasse aujourd'hui 14,000 âmes. Elle n'est point belle, car les rues en sont étroites, tortueuses, mal pavées, et les maisons sans apparence. Elle renferme des monumens remarquables, parmi lesquels on distingue une belle porte en arc de triomphe, la citadelle, ouvrage de Vauban, des casernes bien entretenues, un arsenal, le vieux château des ducs de Nevers, sur une grande place environnée de maisons assez bien bâties; la tour de la cathédrale, le portail de l'église de la Visitation. Nevers est la patrie de Mirabeau, député et célèbre orateur de l'assemblée constituante.

Si ce département n'est pas riche en villes, il l'est en productions naturelles et industrielles. Celles-ci consistent principalement dans le travail du fer. Cent trente-neuf usines y sont en pleine activité, indépendamment des fabriques de divers genres dont chaque ville alimente son commerce qui dans toutes est considérable.

DÉPARTEMENT DE L'ALLIER.

Ce n'est pas sans raison, mes enfans, que je ne vous ai fait, pour ainsi dire, que passer dans la capitale du royaume de France. Je prévoyais que les villes que nous avions à voir ne vous inspireraient plus qu'un médiocre intérêt; cependant il en est encore un assez grand nombre que vous serez charmés de visiter, et *Moulins*, chef-lieu du *département* de *l'Allier*, est du nombre.

Cette ville doit son nom aux nombreux moulins situés autour du lieu où elle fut bâtie. Robert, fils de saint Louis, y fonda un hôpital, et les princes de la maison de Bourbon, qui furent long-temps seigneurs de la province dite de Bourbonnais dont cette ville était la capitale, se plurent à l'embellir. Ses rues sont bien pavées, ses maisons, quoiqu'en briques, et bizarrement ornées de compartimens rouges et noirs, sont assez bien bâties. On y remarque plusieurs belles constructions, telles que l'ancien couvent des filles de la Visitation, aujourd'hui le collége, dont l'église possède le beau mausolée du dernier connétable de Montmorency, décapité à Toulouse ; le beau quartier de cavalerie, l'hôtel de ville bâti sur une des places, le pont sur lequel on traverse l'Allier, l'un des plus admirables de France. Moulins, siége d'un évêché et d'une cour royale, possède une riche bibliothèque et une salle de spectacle. Il ne reste de l'ancien château qu'habitaient ses princes, qu'une tour carrée qui sert de prison. C'est dans les murs de cette ville que sont nés le sculpteur Renaudin, et les maréchaux de Villars et de Berwick.

Ce département, où l'on compte 280,000 âmes, renferme deux bourgs dont l'un, appelé *Vichy*, est célèbre par ses sources d'eaux minérales que fréquente chaque année une société brillante et nombreuse, et par les sites pittoresques qui offrent au botaniste, au minéralogiste et au dessinateur des sujets d'études aussi intéressans que variés. L'autre est le bourg de *Néris-les-Bains*, dont les eaux minérales, connues du temps même des Romains, attirent des malades atteints de rhumatismes, ou d'affections cutanées. Plusieurs beaux débris antiques, un amphithéâtre, et les restes d'un camp romain, prouvent que Néris fut jadis une ville considérable. On n'y voit pas de bâtiment thermal, mais dans chaque auberge, il existe des salles de huit à dix baignoires, et les piscines, rétablies comme dans l'antiquité, sont réservées pour l'hôpital où l'on reçoit gratuitement un grand nombre de malades.

DÉPARTEMENT DE LA CREUSE.

Le *département* de *la Creuse* renferme si peu d'objets intéressans, et des villes d'une si faible importance que ce serait perdre du temps inutilement que de s'y arrêter. Nous nous bornerons donc à le traverser, et chemin faisant je vous en ferai une description suffisante pour que vous puissiez en faire mention sur votre album.

Au milieu d'une contrée aride et inculte, dans une gorge formée de rochers granitiques absolument nus, se présente la ville d'*Aubusson*, traversée par la Creuse, composée d'une seule rue et bien bâtie. C'est le chef-lieu d'une sous-préfecture, où l'on compte 6,000 âmes. On y voit une belle manufacture royale de tapis, et quinze autres fabriques particulières de tissus, qui répandent quelque aisance parmi les habitans. *Felletin* sur la Creuse, petite ville à deux lieues d'Aubusson, rivalise celle-ci dans le même genre de fabrication. La petite cité de *Bourganeuf* possède deux manufactures de porcelaine et une fabrique de papiers. On y a conservé une tour d'un grand diamètre, bâtie, suivant la tradition, par Zizim, fils de Mahomet II, qui se réfugia en France, sous le règne de Charles VIII.

Guéret, située entre deux montagnes, sur la Gartempe, est le chef-lieu du département et la résidence du préfet. Cette ville, où l'on ne compte que 5,000 habitans, est bien bâtie, et arrosée par plusieurs fontaines. On y trouve une bibliothèque publique et une salle de spectacle, l'une et l'autre très-ordinaires. Nous nous y arrêterons cependant, car il faut bien s'arrêter quelque part, puis nous gagnerons *Boussac* située sur un rocher, au confluent du Véron et de la Creuse. Environnée de murailles flanquées de tours, et dominée par un vieux château crénelé, d'où l'œil plane sur une gorge formée par des montagnes d'un aspect aride et sauvage, cette ville est le plus triste séjour que l'on puisse imaginer.

La population de ce département s'élève à près de 250,000 habitans qu'il peut à peine nourrir, et malgré le nombre de ses fabriques et ses filatures qui occupent une infinité d'ouvriers, chaque année une partie de cette classe quitte le pays, et se répand sur divers points du royaume, où elle exerce le métier de maçon et de scieur de long.

DÉPARTEMENT DU CHER.

Quittons ces tristes lieux, et hâtons-nous d'arriver à *Bourges*, l'une des plus anciennes villes des Gaules, aujourd'hui chef-lieu du *département* du *Cher*. Siége d'un archevêché, d'une cour royale et résidence du préfet, elle est située sur un côteau baigné par l'Auron, à l'endroit même où cette rivière reçoit plusieurs autres cours d'eau. Sa position est agréable, mais ses rues sont tortueuses et ses maisons basses. Elle est entourée d'une épaisse muraille, flanquée, de distance en distance, de tours hautes et bien conservées. Divisée en ville ancienne et ville nouvelle, la réunion de ces deux quartiers forme une superficie capable de contenir une population plus forte que celle de 18,500 habitans, nombre auquel elle s'élève aujourd'hui. Du reste, elle jouit de tous les avantages d'un chef-lieu bien partagé. Les promenades qui l'entourent sont très-belles.

Cette ancienne cité possède des monumens et des édifices remarquables. Vous y verrez l'obélisque élevé à la mémoire de Béthune Charost, les casernes, l'hospice de la maternité, la cathédrale et l'hôtel de ville; ces deux derniers surtout méritent une attention particulière. La cathédrale doit être comptée au nombre des plus beaux monumens gothiques de l'Europe; elle est surmontée de deux tours : sa façade, malgré toute l'irrégularité qui dépare presque toutes les églises de la même époque, est remarquable par la délicatesse, le fini et la richesse des ornemens; l'une des sculptures représente le jugement dernier. Sa conservation est telle qu'à la couleur près, on dirait qu'elle vient d'être terminée.

L'hôtel de ville est la maison du célèbre Jacques Cœur, l'un des plus riches négocians du temps de Charles VII, à qui il fit un prêt de deux cent mille écus d'or, service dont la récompense fut la spoliation de ses biens et la privation de sa liberté, motivées sur des crimes imaginaires. La construction en est magnifique; les cheminées même sont de la plus riche architecture; elle représente des tours et des portes de ville gardées par des guerriers; sur les murs de l'édifice sont sculptés des coquilles et des cœurs. Bourges est la patrie de Louis XI qui en fonda l'université, du P. Bourdaloue, dont vous connaissez les sermons, et du P. Labbe, savant jésuite.

Dans l'arrondissement et à quatre lieues de Bourges se trouve *Mehun*, ancienne ville, baignée par la rivière d'Yevre qui forme, entre ses ponts, un bassin utile à son commerce. On y voit quelques restes d'un vieux château dans lequel Charles VII se laissa mourir de faim, dans la crainte que Louis XI son fils ne l'empoisonnât.

Ce département, arrosé par le Cher, le Loir et l'Allier, ses principales rivières, est peuplé de 231,800 âmes. Il est riche en forêts, et conséquemment en forges et en usines. Ses habitans sont communément hospitaliers, francs et laborieux.

DÉPARTEMENT DE L'INDRE.

Issoudun, l'une des sous-préfectures du *département* de l'*Indre*, en est la ville la plus peuplée. Nous y ferons une station. Située en partie sur une éminence, baignée par une petite rivière, elle se divise en haute et basse; la haute est fortifiée et entourée de murailles, de tours et de fossés, et forme pour ainsi dire le château qui commande la basse, également entourée de murailles et de fossés; c'est dans la haute que sont les principaux et les plus anciens bâtimens et les habitations bourgeoises. La ville basse est habitée par les marchands et la classe industrielle. C'est dans ses murs qu'est né le comédien Baron, dont le vrai nom était Boyron.

Levroux, que nous verrons ensuite, est une ville ancienne, qui paraît avoir été, sous les Romains, une cité considérable, puisqu'on y a trouvé des restes d'amphithéâtre, et d'autres antiquités. Elle est ceinte de murailles flanquées de tours, entourée de fossés, et renferme un ancien château remarquable par une tour d'une énorme dimension. Une route, tracée au milieu des vignes et des bois, nous conduira à *Valençay*, dont le magnifique château est devenu célèbre par le séjour forcé qu'y fit le roi d'Espagne, Ferdinand VII, depuis 1808 jusqu'en 1814.

Châteauroux, ville bâtie, à ce que dit l'histoire, par Raoul Ier en 950, est située dans une vaste plaine, sur la rive gauche de l'Indre. Quoique chef-lieu du département et la résidence du préfet, elle n'a d'intéressant que ses manufactures de draps qui sont nombreuses, ses fabriques de parchemin, ses forges et ses tuileries. Vous y trouverez une bibliothèque publique, un théâtre, et des promenades assez agréables.

Ce département, dont la population est d'environ 230,700 âmes, abonde en mines de fer, et renferme de vastes forêts. Ses habitans ne sont point d'une haute stature ; ils ont le regard timide, leur physionomie a peu d'expression. La lenteur forme le trait principal de leur caractère. On le remarque également dans leurs paroles et dans leurs actions. Soupçonneux, défiants et intéressés, leur apathie tient à la force de l'habitude qui chez eux est insurmontable.

DÉPARTEMENT DE LA HAUTE-VIENNE.

Limoges, ci-devant capitale de la province de Limousin, aujourd'hui chef-lieu du *département* de la *Haute-Vienne*, est située sur la rive droite de la Vienne, dans un vallon charmant, tapissé de prairies artificielles et bordé de jolis côteaux. Cette ville, plusieurs fois désolée par les ravages des Normands, les guerres des Anglais, les incendies, a été reconstruite successivement dans des temps de malheurs et de barbarie, et porte un caractère d'ancienneté qui n'est point celui de la régularité et de la magnificence. Les maisons sont bâties sans goût, les rues étroites, mal alignées et rapides, mais très-propres, avantage qu'elle doit à des ruisseaux limpides, qui y coulent sans cesse, et y entretiennent un air pur et une douce fraicheur, favorable à la santé des habitans et à la beauté des femmes. La ville est divisée en deux parties : la basse, qui était la cité romaine, porte encore le nom de cité; et la haute, celui de ville.

Les seuls édifices vraiment dignes d'exciter la curiosité du voyageur sont ceux consacrés à la religion, mais ils sont admirables. L'église Saint-Martial, très-célèbre et très-vénérée dans le Limousin, est fort ancienne. Dévastée plusieurs fois et chaque fois réparée, elle porte dans ses diverses parties l'empreinte et le goût des différens siècles où ces réparations ont été faites. L'extérieur de cette église est remarquable par la forme pittoresque et singulière, et par la hauteur de son clocher, dont le plan carré sur lequel il s'élève d'abord, change au quatrième étage, et devient octogone. L'intérieur de l'église est vaste, et présente un beau vaisseau formé sur un plan bien combiné, et qui produit de beaux effets. Sous le chœur sont deux chapelles souterraines, dans l'une desquelles est le tombeau de saint Martial, dont l'architecture est d'un genre gothique très-moderne. L'horloge est une des anciennes curiosités qui captivent surtout l'admiration du peuple. On y voit une figure de la mort, représentée en squelette; lorsque l'heure est prête à se faire entendre, la mort tourne la tête, ouvre la mâchoire, lève une faulx dont elle est armée, et en frappe un timbre placé dans une sphère. Cette figure est assise sur un panier de fleurs, d'où s'élance un serpent; ce qui paraît être l'emblême d'une espérance trompeuse.

La cathédrale, sous le titre de Saint-Étienne, est la plus considérable église de la ville. Sa construction est du plus beau gothique, mais elle n'est point achevée. Le clocher, dont la structure paraît beaucoup plus ancienne que celle du reste de l'église, est d'une très-grande élévation, et a cent quatre-vingt-quatorze pieds de hauteur. Le jubé, ouvrage du commencement du seizième siècle, offre, tant en architecture qu'en sculpture, tout ce que le goût du temps avait de plus délicat et de plus correct. Le genre grec y est mêlé avec le gothique, mais il semble dominer sur ce dernier. Il faut surtout admirer les sculptures et les bas-reliefs dont ce jubé est chargé; on y voit des détails d'un fini précieux. Le tombeau du prélat qui a fait construire ce jubé n'est pas moins curieux. Il présente quatre colonnes corinthiennes cannelées, élevées sur leur piédestal, et supportant un entablement : au milieu de ces quatre colonnes est la figure en bronze de l'évêque à genoux. La frise de l'entablement est chargée de bas-reliefs.

Limoges, siége d'un évêché et d'une cour

royale, a de belles promenades et plusieurs places publiques, dont l'une est sur l'emplacement d'un camp romain. Cette ville possède tous les établissemens des chefs-lieux principaux. Il s'y fait chaque année des courses de chevaux où concourent ceux du département, et ceux de neuf départemens voisins. On compte 22,000 habitans dans cette ville, qui a donné naissance à d'Aguesseau, à Dorat et à la Reynie.

Ce département est peuplé de 275,000 individus. Le peuple s'y nourrit en partie de châtaignes, dont l'abondance est prodigieuse. C'est de ce pays que sortent presque tous les maçons, les charpentiers, les tuiliers et autres ouvriers que les grandes villes ont coutume d'occuper. La lenteur et une sorte de timidité sont la base du caractère des habitans du Limousin.

DÉPARTEMENT DE LA CORRÈZE.

Parcourons rapidement le *département* de la *Corrèze*, ainsi appelé du nom de la rivière qui l'arrose. C'est un pays couvert de montagnes, et dont les villes n'offrent rien d'intéressant, quoiqu'elles soient en général assez agréables. Voyons d'abord *Uzer-*

ches, adossée à une colline au pied de laquelle coule la Vésère; ses maisons, presque toutes flanquées de tourelles et couvertes en ardoises, attestent son ancienneté.

De cette ville nous irons à *Brives* qui est très-jolie; sa situation dans une plaine charmante et fertile, la distribution et l'élégance de ses bâtimens l'ont fait surnommer *la Gaillarde*. Le cardinal Dubois et le maréchal Brune y ont reçu la naissance.

Tulles, chef-lieu du département et siége d'un évêché, nous offrira quelque objet intéressant. Cette ville située au confluent de la Corrèze et de la Solane, dans un pays environné de hauteurs et de précipices, est assise en partie sur la pente d'une montagne. Plusieurs de ses rues sont adossées contre des rochers et des côtes escarpées, ce qui en rend l'aspect désagréable et la circulation difficile. Elle doit son origine à la destruction d'une ville plus ancienne, dont quelques restes d'amphithéâtre, et d'autres constructions hors de ses murs attestent l'antique splendeur. Le seul monument que l'on y trouve est la cathédrale, ouvrage du neuvième siècle, dont le clocher est extrêmement élevé.

Ce département comprend encore la petite ville d'*Uzel*, située au milieu de sommets arides, et *Bort* qui jouit d'une position agréable sur les bords de la Dordogne, et est la patrie du littérateur Marmontel. C'est à une demi-lieue de cette ville que la petite rivière de la Rue forme, en se faisant jour à travers des rochers décharnés, une belle cascade appelée le *Saut-de-la-Saule*. Le sol de ce département présente deux régions : l'une désignée sous le nom de la montagne; l'autre sous celui de pays-bas. C'est encore un pays où les châtaignes font la nourriture d'une partie de la population, qui s'élève à 273,500 habitans. Leur costume, comme celui des Limousins dont ils font partie, est invariable tant pour la forme que pour la couleur. Il se compose d'une bure grisâtre fabriquée dans le pays, et n'a pas changé depuis plus de cinq cents ans, quels que soient les pays que ce peuple parcourt. Les femmes fixent leur coiffure sur la partie supérieure de la tête par une espèce de diadème, qui vient s'arrêter près des tempes, et laisse entièrement à découvert une figure fraîche et jolie.

DÉPARTEMENT DU CANTAL.

Un groupe de montagnes qui couvre le sol de ses ramifications, et qui renferme une étendue de trois lieues en tous sens, a produit le nom du *département* du *Cantal*. Ce groupe est accompagné de montagnes inférieures, séparées entre elles par des ravins larges et profonds. Son sommet s'élève à neuf cent quatre-vingt-treize toises au-dessus du niveau de la mer. De cette montagne sortent en divergeant, comme d'un centre commun, une douzaine de rivières ou torrens.

Ces énormes montagnes que l'on distingue sous les noms de *Puy de Griou*, de *Puy-Mary*, de *Mont Violent*, sont pendant six à sept mois couvertes de neiges. Lorsque la belle saison ramène la verdure, des troupeaux innombrables de bêtes à cornes gravissent ces hauteurs, s'y nourrissent de thym et d'autres herbes odoriférantes que le sol produit en abondance, et restent, tant que cette saison dure, sans abri et gardées seulement par des bergers; espèces de nomades qui, chaque année, se bâtissent une hutte grossière où ils couchent; ils y recèlent le lait qu'ils tirent des vaches, et dont ils font du beurre et du fromage. Ces habitations rustiques sont nommées *Burons*, et les fromages qu'on y fabrique, connus sous le nom de fromages du Cantal, forment une branche de commerce considérable.

Aurillac, située dans une belle vallée arrosée par la Jordanne, est le chef-lieu du département. C'est une assez jolie ville qui a une belle salle de spectacle, et des promenades agréables. Hors de ses murs est un hippodrôme destiné aux courses de chevaux, qui ont lieu tous les ans du premier au quinze mai. Aurillac est la patrie de Gerbert, élu pape sous le nom de Sylvestre II, du poète Maynard, du maréchal de Noailles, et de Piganiol de la Force, auteur d'une description de la France.

Au fond d'une gorge profonde où coule l'un des affluens de la Truyère, vous verrez *Chaudes-Aigues*, petite ville où se trouvent des eaux thermales renommées pour la guérison des rhumatismes et de la paralysie. La source de cette eau est extraordinaire, en ce qu'elle est d'une chaleur excessive, qu'elle n'est presque point minérale, et n'a absolument aucune saveur. Ces eaux, qui se font jour à travers les rochers, attirent dans le pays, pendant la belle saison, un nombre de malades égal à sa population. Les habitans emploient cette eau à tous les usages de la vie sans en éprouver aucun inconvénient. Distribuée dans chaque maison par des canaux souterrains, elle échauffe l'hiver les chambres des rez-de-chaussée.

Nous pouvons nous dispenser de voir *Saint-Flour*, ville située sur une montagne à pic, et accessible d'un seul côté. Les maisons y sont généralement mal bâties, les rues larges, mais irrégulières; on ne peut guère les parcourir sans monter et descendre. La cathédrale, ancien édifice construit à plusieurs reprises, le palais de justice en construction, les colonnes basaltiques et la promenade sont les seuls objets remarquables. Saint-Flour, siége d'un évêché, est la patrie du poète dramatique du Belloy, et du brave Desaix, mort à la bataille de Marengo.

Ce département, formé de ce qu'on appelle la haute Auvergne, est peuplé de 252,000 habitans, dont une partie quitte chaque année le pays, et se rend dans les plus grandes villes de France, et surtout dans la capitale où ils sont porteurs d'eau, porte-faix, charbonniers et commissionnaires. Ceux qui ne sortent pas du pays ont un genre de vie qui leur est particulier. Comme le chauffage est très-coûteux, ils s'en passent en habitant avec leurs troupeaux. Les maisons sont divisées en trois parties qui se communiquent entre elles; à gauche, la grange; à droite, l'étable; au milieu, le corps du logis. Dès que le froid se fait sentir, on porte au fond de l'étable de grands coffres remplis de paille qui servent de lits à toute la famille. A neuf heures tout le monde se lève; les hommes pansent les bestiaux, les femmes font la soupe, et dès que la nuit arrive, chacun se rend dans l'étable. Le sol est peu fertile; il produit du seigle, de l'orge, du sarrasin, des châtaignes, des pommes de terre, peu de vin, beaucoup de chanvre et de lin. Les pâturages y sont abondans; et l'on y élève des chevaux et des bestiaux de toutes espèces. Le règne minéral est riche et varié, et les sources d'eaux minérales froides y sont estimées. Parcourons la basse Auvergne; ce sera du temps bien employé.

DÉPARTEMENT DU PUY-DE-DOME.

Issoire, l'une des sous-préfectures du *département* du *Puy-de-Dôme*, a plusieurs rues larges, des maisons bien bâties, des fontaines, des places publiques, un beau marché construit en granit et couvert. La construction de son église paraît être antérieure au style gothique. On y remarque, à l'extérieur, des ornemens en mosaïque, les douze signes du Zodiaque incrustés tout autour des murailles, la Vierge et la Balance placées à la façade principale : le chœur repose sur une église souterraine. La ville est ancienne, mais elle a été embellie par des réparations utiles, des boulevards, des promenades.

C'est dans les environs d'Issoire que se trouve *Mont-Dor-les-Bains*, où l'on va prendre les eaux du Mont-Dor. Ce village célèbre est situé dans une belle vallée arrosée par la petite rivière de la Dor, qui se jette plus loin dans celle de la Dogne, et ces deux rivières confondant leurs eaux et leurs noms, n'en forment plus qu'une seule sous le nom de Dordogne. Le bâtiment thermal, d'une architecture simple, mais élégante et solide, est construit en roche volcanique noirâtre, couvert en dalles de la même roche. Il rappelle les constructions romaines que l'on voyait antérieurement sur l'emplacement des nouveaux bains. Les sites pittoresques et variés de la vallée et des environs du Mont-Dor contribuent par l'attrait d'une promenade chaque jour différente à l'efficacité des sources thermales qui, depuis le 15 juin jusqu'au 20 septembre, sont fréquentées par un grand nombre de malades réels ou imaginaires.

Clermont-Ferrand, chef-lieu du département, siége d'un évêché, est une ville ancienne, assise sur une éminence, entre deux petites rivières, entourée de boulevards plantés de beaux arbres, et peuplée de plus de 32,000 habitans. Ses rues sont étroites, sombres, mal pavées, mais elle a des places publiques fort belles. Les principales sont ornées d'objets remarquables. Vous verrez sur celle de Jaude, une belle halle couverte ; sur celle de Champeix, une grande fontaine gothique chargée d'arabesques ; celle de la Poterne offre une jolie promenade embellie par la vue des Champs de la Limagne et du sommet du Puy-de-Dôme : à l'extrémité de celle du Taureau, une fontaine en forme d'obélisque est élevée à la mémoire de Desaix.

Cette ville, pourvue de tous les établissemens d'un chef-lieu, possède deux salles de spectacle, et deux belles églises : la cathédrale et l'église de Notre-Dame-du-Port. La première, bâtie au douzième siècle et restée inachevée, est d'une construction élégante et hardie; les vitraux sont admirables : l'autre paraît remonter à une époque plus reculée ; éclairée par des arcades, chargée d'inscriptions en lettres romaines, elle semble appartenir aux premiers siècles de l'établissement du christianisme.

Clermont, qui se fait gloire d'avoir eu pour évêque le célèbre Massillon, peut également se vanter d'avoir donné la naissance à Blaise Pascal, au jurisconsulte Domat, au littérateur Thomas, au grammairien Girard, et au littérateur Champfort.

C'est à quelque distance de cette ville que se trouve le Puy-de-Dôme, dont le département tient son nom. C'est une montagne couverte d'une herbe longue et touffue depuis son pied jusqu'à son sommet, où l'on monte par deux chemins pratiqués en spirale, et d'où la vue perd en richesse de perspective ce qu'elle gagne en étendue.

Aucun objet rapproché ne fait ombre à cet immense tableau, et les soixante volcans qui, sur une longue étendue, s'élèvent à ses pieds, n'ont que l'apparence de taupinières dispersées au milieu d'un champ. Cette montagne est une des plus intéressantes curiosités des environs de Clermont, qui en offre beaucoup d'autres que nous ne manquerons pas d'aller voir.

Riom, chef-lieu de sous-préfecture et siége d'une cour royale, est la plus jolie ville du département. Elle est assise sur une colline, au bord de la rivière d'Ambène, et généralement bien bâtie : ses rues pavées en basalte sont arrosées par de belles fontaines. Les faubourgs sont séparés de la ville par des boulevards bien plantés, qui, avec le Pré-Madame, forment les seules promenades. Le palais, la sainte-chapelle et la maison centrale de détention sont les seuls édifices. Riom ne doit son importance qu'à ses tribunaux. Elle est la patrie de Grégoire de Tours, du P. Sirmond, d'Anne Dubourg, et du poète dramatique Danchet.

Ce département renferme encore *Aigue-Perse*, patrie de deux hommes célèbres, le chancelier de l'Hopital, et le Virgile français, Delille. *Thiers* et *Ambert* n'ont de remarquable que leurs nombreuses papeteries. Le sol est de la plus grande fertilité, surtout dans la belle et vaste plaine de la *Limagne*. La population s'élève à plus de 553,500 habitans.

DÉPARTEMENT DE LA LOIRE.

La *région orientale* que nous allons parcourir se compose de dix départemens. Elle est plus riche que la région du centre, et doit moins sa prospérité à la fertilité de son sol qu'à l'industrie de ses habitans, et à la facilité des communications. Nous y verrons un grand nombre de belles routes, des chemins vicinaux bien entretenus, un chemin de fer de Saint-Étienne à la Loire, des rivières considérables, deux grands fleuves et plusieurs canaux.

Le *département* de *la Loire*, traversé du sud au nord par le fleuve auquel il doit son nom, a pour chef-lieu de sous-préfecture la ville de *Saint-Étienne*, située sur le ruisseau de Furens, et peuplée de plus de 30,000 âmes. On y remarque de belles places, des rues larges, des maisons bien bâties qui contrastent singulièrement avec les masures enfumées dont elles sont voisines. L'hôtel de ville, sur la place Neuve, est un bel édifice ; son théâtre et ses promenades ajoutent aux agrémens d'un cabinet d'histoire naturelle. Ses manufactures de toutes espèces d'armes, et ses fabriques de rubans et autres objets utiles occupent un grand nombre d'ouvriers.

Montbrison est le chef-lieu du département. Située dans une plaine très-fertile, sur une petite rivière, cette ville est mal bâtie, et n'a pour toute population que 5,000 habitans. Cependant elle renferme une belle et vaste halle au blé, un palais de justice qui mérite d'être vu, une caserne de cavalerie, et la maison du collége à laquelle on a fait de nouveaux agrandissemens. Le dôme de l'église de Sainte-Marie est un objet curieux, ainsi que la bergerie royale. Les boulevards sont superbes et forment une promenade charmante.

Sur la rive gauche de la Loire se présente *Rouanne*, ville riche et intéressante par sa situation. Ses rues sont larges et droites, ses maisons bâties avec goût : le pont de pierre sur la Loire est très-beau ; le quai est superbe. On y compte 11,000 âmes, et mille métiers pour les toiles. Les autres villes de ce département, dont la population s'élève à près de 344,000 habitans, sont peu intéressantes en comparaison de celles que vous venez de voir. Nous ne nous y arrêterons pas afin d'arriver plus tôt à Lyon.

DÉPARTEMENT DU RHONE.

Lyon, chef-lieu et siége des autorités du *département* du *Rhône*, est une grande et assez belle ville, mais comme toutes celles qui sont anciennes, les rues y sont étroites, sombres, mal pavées et fort sales. Cependant on y voit de beaux quartiers : les quais qui bornent le Rhône et la Saône sont superbes, et les maisons dont ils sont bordés sont bâties avec autant de goût que d'élégance. On compte dans cette ville cinquante-six places publiques, huit mille maisons et 180,000 habitans. La place *Bellecour* forme un carré régulier et long, dont les deux extrémités présentent la façade de deux grands bâtimens ornés de pilastres et surmontés d'une balustrade : de beaux tilleuls en forment une promenade. Trois ponts sur la Saône et un sur le Rhône facilitent le passage de ces rivières.

Lyon renferme une infinité de monumens et d'établissemens publics qui vous intéresseront. L'hôtel de ville tient le second rang parmi ceux de l'Europe. On y voit un taurobole antique, et sous le vestibule une table de bronze sur laquelle est gravée la harangue que l'empereur Claude prononça dans le sénat romain en faveur de cette ville. La grande porte est ornée de deux colonnes de marbre, et le frontispice en est superbe. Cet édifice est construit sur la place dite des Terreaux. C'est sur cette même place que furent décapités Cinq-Mars pour avoir conspiré la chûte du cardinal de Richelieu, et le vertueux de Thou, pour n'avoir point été le dénonciateur de son ami.

L'église de Saint-Jean, ou la cathédrale, se fait remarquer par sa simplicité imposante dans l'intérieur, et par la magnificence de son portail. L'horloge dont la construction date de 1598 est assez curieuse. C'est une espèce d'obélisque figuré, qui s'élève de terre sur un large piédestal. Tout au haut est un coq qui, chaque fois que l'heure est près de sonner, bat des ailes et fait trois cris. Cette horloge a plusieurs cadrans : celui des heures, celui des jours, celui des mois et de la semaine; et celui des planètes qui ont un cours réglé. L'aiguille du dernier, qui est ovale, s'allonge et se raccourcit suivant qu'elle parcourt le grand ou le petit diamètre de l'ovale. Au milieu de ce cadran est une figure immobile du soleil. Sur un petit balcon qui couronne le dôme de cette horloge, est un suisse qui, dès que le carillon finit, vient frapper l'heure avec un marteau.

Le palais de l'archevêché est un des plus beaux monumens de Lyon. Celui du commerce et des arts renferme la bourse et le musée de peinture et d'antiquités. L'ancien couvent de la Trinité, aujourd'hui le collége royal, contient la bibliothèque publique, composée de plus de cent six mille volumes et de huit cents manuscrits en différentes langues.

Derrière la place Bellecour, et sur les bords du Rhône, l'hôpital de la charité et l'Hôtel-Dieu sont deux établissemens à visiter; l'un et l'autre surpassent en beauté et en bonne tenue tous ceux du même genre. Lyon a aussi un établissement pour l'instruction des sourds-muets; une maison où l'on traite les aliénés; une caisse d'épargne et de prévoyance pour tout le département, ainsi que des sociétés de bienfaisance et de secours mutuel.

Cette ville, siége d'un archevêché et d'une cour royale, a diverses sociétés scientifiques, et plusieurs écoles, des cours publics, un jardin de botanique et une pépinière de naturalisation. Elle n'est pas riche en promenades, mais elle a deux salles de spectacle. Le grand théâtre est remarquable par sa construction élégante, dûe au célèbre Soufflot. L'allée Perrache, l'Ile Barbe, les Brotteaux, les bords de la Saône sont les seuls lieux de délassement des habitans, dont les plus aisés ont de belles maisons de campagne dans les environs. Ce sont, en majeure partie, des négocians, car Lyon est une ville essentiellement commerçante et manufacturière. Vous verrez ses nombreuses fabriques appliquées à tous les genres d'industrie; vous admirerez surtout ses étoffes de soie, d'or et d'argent, qui sont portées au plus haut degré de perfection.

L'origine de Lyon remonte à l'an 712 de Rome. Elle s'élevait alors sur la pente du côteau qui s'étend sur la rive droite de la Saône. Sur la montagne de Saint-Just s'élevait le palais des empereurs, dans l'emplacement qu'a occupé, depuis, l'ancien monastère de *l'Antiquaille*, aujourd'hui l'hospice des incurables. Le nom de ce bâtiment lui vient de la quantité de médailles et autres objets antiques que l'on y trouva en fouillant le sol. Plus loin sur la même montagne, on voyait l'amphithéâtre dont il reste encore quelques débris, dans l'enclos du couvent des Minimes.

La nomenclature des hommes marquans nés dans Lyon, à dater de l'époque la plus reculée, est considérable. On y compte Germanicus, Claude, Marc-Aurèle, Caracalla et Géta; l'évêque Sidoine Apollinaire, l'architecte Philibert Delorme, les statuaires Coustou et Coysevoix, le botaniste Jussieu, l'agronome Rozier, le mécanicien Vaucanson, le graveur Audran, l'orateur Bergasse, le maréchal Suchet, etc. etc.

Le département du Rhône doit son nom à un grand fleuve qui prend sa source dans un glacier du mont de la Fourche, parcourt le Simplon, entre en Suisse, traverse le Valais, tombe dans le lac de Genève, en sort près de la ville de ce nom où il reçoit la petite rivière de Larve, passe à Seyssel et à Saint-Géniez. A quatre lieues et demie plus loin, il se perd dans un gouffre de rochers, en sort peu après, arrive à Lyon où il reçoit la Saône, et se rend par trois embouchures dans la Méditerranée.

La Saône prend sa source dans les Vosges, arrose les départemens du Jura et de la Haute-Saône, sépare celui du Rhône de celui de l'Ain, et se jette dans le Rhône, à l'extrémité occidentale de la ville de Lyon. Ces deux grandes rivières offrent un aspect d'une différence remarquable. La Saône calme et tranquille offre l'emblème de la paix, favorable aux arts et à l'industrie; des bateaux la descendent et la remontent sans cesse : dix-sept ports s'étendent sur ses rives qui présentent l'image du mouvement perpétuel. Le Rhône, emblême de la guerre et des discordes civiles, est un torrent fougueux que la témérité de l'homme ne brave pas toujours impunément; ses bords sont déserts et silencieux, ses flots seuls retentissent.

Ce département, qui compte environ 392,000 habitans, renferme quelques autres villes d'un ordre très-inférieur, et que nous nous dispenserons de voir, afin de prolonger notre séjour à Lyon qui offre des alimens à votre curiosité. Le pays, mêlé de montagnes, est plus froid que chaud. La partie méridionale produit d'excellens vins connus sous les noms de *Côte-Rôtie* et de *Condrieux*. Dans la partie septentrionale, ceux du *Baujolais* sont également estimés. La culture de la vigne est l'occupation principale des habitans des côteaux.

DÉPARTEMENT DE L'AIN.

Mes enfans, des villes aussi intéressantes que celle de Lyon ne sont pas communes dans le même pays, et le *département* de *l'Ain* n'en offre que d'une importance très-minime. Allons donc directement à *Ferney* : c'est un joli bourg qui n'était qu'un hameau, lorsque Voltaire y fixa sa demeure. Il y fit bâtir un château qu'on voit encore dans l'état où il était pendant sa vie. Il attira dans ce hameau beaucoup d'artisans surtout en horlogerie, et aujourd'hui on y compte plus de 1,000 habitans.

Nous repasserons par *Nantua*, dont vous avez dû remarquer la situation sur un lac du même nom, dans une gorge sauvage entre deux montagnes. Nous y examinerons ses diverses fabriques, ses moulins à scies et ses filatures, puis nous gagnerons *Bourg en Bresse*, située sur la Ressouse et près de la Veyle.

Cette ville, ainsi surnommée du nom de la province de Bresse dont elle était la capitale, est aujourd'hui le chef-lieu du département. Elle est assez bien bâtie, arrosée par des fontaines, et embellie par de jolies promenades. On y compte 8,000 habitans et plusieurs beaux édifices dont les principaux sont l'église de Notre-Dame, la maison commune, l'hôpital, la halle au blé, les bains publics et la salle de spectacle. Bourg est la patrie du littérateur Vaugelas, et de l'astronome Lalande. En parcourant les environs, le village de Brou nous offrira la vue d'une église remarquable par son architecture, la structure du chœur, et par deux fort beaux mausolées. Nous y verrons aussi deux autres villages habités par des restes de peuplades sarrasines, dont les usages, les mœurs et le caractère diffèrent entièrement de ceux de leurs voisins.

A défaut de villes importantes, cette contrée offre des objets de curiosité. Il existe, à deux lieues de Bourg, une vallée qui repose sur un sol perfide. On y voit quelquefois jaillir des jets d'eau de toutes parts. Un puits disposé en entonnoir commence alors à déborder. Après avoir inondé la vallée, l'eau se retire presque aussitôt qu'elle est venue, et l'on voit encore quelque temps après, dans la terre, les trous par où elle a passé, de sorte que le sol ressemble à une espèce de crible.

Les grottes de Balme, situées au pied d'un rocher connu sous le nom de *Pierre-Chatel*, ne sont pas moins singulières. Il faut se munir de flambeaux pour en parcourir les détours qui sont très-vastes. On y pénètre par une rampe taillée en zigzag; on découvre des voûtes de différentes coupes, en dômes, en berceaux, en arcs-doubleaux, et quelques-unes à clefs pendantes. On y voit des ornemens de toutes espèces, et de toutes structures, ainsi que toutes les variétés accidentelles qu'offrent les grottes les plus renommées.

Ce département, peuplé de près de 329,000 habitans, renferme encore quelques petites villes, au nombre desquelles on doit citer *Pont-de-Vaux*, patrie du général Joubert. On y a élevé en sa mémoire une fontaine en forme de pyramide.

DÉPARTEMENT DE SAONE-ET-LOIRE.

Sur le penchant d'une colline baignée par la Saône, et sur la rive droite de cette rivière s'élève *Mâcon*, chef-lieu du *département de Saône-et-Loire*. Cette ville fort ancienne était importante au temps des Eduens et des Romains, qui y avaient des manufactures de flèches. Elle entretient encore un pont que l'on attribue à César, et conserve les ruines d'un temple de Janus et un arc de triomphe, ouvrage des Romains. Les rues de Mâcon sont étroites, tortueuses, mal pavées; ses maisons mal bâties; mais ses quais sur la Saône sont larges et bien construits. On y voit de beaux édifices, parmi lesquels on distingue l'hôtel de ville, l'ancien palais de Montrevel, l'hôpital, la salle de spectacle et les bains publics. La promenade est une île au-dessous du pont, plantée d'arbres, et dont le fond est une prairie fort agréable. Les établissemens de cette ville n'ont rien de particulièrement remarquable : les fabriques y sont peu importantes. Le commerce des vins et du raisiné y absorbe toute l'industrie.

Laissons les petites villes afin d'arriver plutôt à *Châlons-sur-Saône*, ville agréablement située dans une plaine fertile, et bien bâtie. La rivière y baigne un beau quai d'où l'on jouit d'une vue fort étendue, et où l'on admire plusieurs édifices; l'hôpital Saint-Laurent surtout est remarquable par sa distribution intérieure et sa bonne tenue. La bibliothèque publique, la salle de spectacle, les bains publics, et la promenade ornée d'un grand obélisque sont autant d'objets qui méritent d'être vus. Cette ville fut le berceau de l'antiquaire Denon.

Non loin de Châlons est le village de *Mercurey*, fameux par ses bons vins. On y voit les restes d'un temple dédié à Mercure, et il y a des médailles qui prouvent que ce temple a existé. Dans un autre village voisin, on a trouvé une statue et des traces d'un temple dédié à la fortune, et des médailles de plusieurs empereurs romains. On y voit aussi des sépultures antiques où l'on a trouvé des lampes inextinguibles, ou du moins qui étaient encore allumées depuis plusieurs siècles, étant enfermées dans des caveaux où l'air extérieur ne pouvait pénétrer.

Autun est la ville la plus intéressante du département. Elle est située près de l'Arroux, au pied de trois hautes montagnes. Son origine est fort ancienne. Possédée d'abord par les Eduens, dont elle fut la capitale, elle passa ensuite sous la domination romaine, et devint aussi célèbre par ses écoles que par les constructions qui y furent élevées, et dont il reste encore de fort beaux monumens : les plus remarquables sont les portes d'Arroux et de Saint-André, espèce d'arcs de triomphe bâtis sans ciment, dont les pierres semblent sortir des mains de l'ouvrier, et les ornemens de celles de l'artiste; les restes des temples consacrés à Janus, à Cybèle, à Apollon et à Minerve. Les matériaux de ce dernier font aujourd'hui partie du bâtiment dépendant de l'abbaye de Saint-Andoche. Hors les murs de la ville, on voit les restes d'un amphithéâtre, le *Champ des Urnes*, et au milieu, la pierre de *Couars*, espèce de pyramide d'environ soixante pieds, composée de pierres brutes liées ensemble par un ciment blanchâtre.

La ville moderne offre une place d'une beauté rare, une église cathédrale dont le chœur et le maître-hôtel sont admirables. Le tombeau de la reine Brunehaut, dans l'église Saint-Martin, est un monument digne d'attention. Autun possède plusieurs bibliothèques publiques, un musée qui renferme une assez belle collection de tableaux, de statues, de médailles, etc.; la salle de spectacle, les bains publics, les promenades laissent peu de choses à désirer. Autun est la patrie d'Eumènes, roi de Pergame, et du président Jeannin.

Ce département, dont la population s'élève à près de 500,000 habitans, possède un grand nombre de manufactures et de fabriques de divers genres, qui alimentent un commerce activé par la facilité des communications, résultant des belles routes, des rivières navigables et des canaux.

DÉPARTEMENT DE L'YONNE.

Je viens d'apprendre qu'il se prépare à Paris des fêtes qui seront superbes et dureront trois jours; je veux, mes amis, que vous y assistiez. En partant demain matin après déjeuner, nous arriverons à temps; et comme je me propose de faire un long séjour dans cette grande capitale, lorsque nous explorerons la région du nord, dès que les fêtes seront terminées, nous prendrons la route de Paris à Sens, l'une des sous-préfectures du *département* de l'*Yonne*.

Sens est une ancienne ville, assise sur le penchant d'une colline dans une belle plaine, au confluent de la Vanne et de l'Yonne; vous y verrez les murs et les remparts qui sont de construction romaine. La seule rue belle et bien alignée est celle que la route parcourt, mais toutes sont très-propres, et maintenues en tout temps dans cet état, par l'eau de la Vanne qui y est distribuée en canaux. On remarque aux deux extrémités de la ville, de belles portes qui se font face, et au centre de sa plus belle place, la cathédrale, l'une des plus belles de France, dont on admire le jubé, l'autel, le trésor, la chapelle du martyr saint Savinien, et les vitraux. On y conserve le mausolée de la Dauphine et du Dauphin, père de Louis XVI, de Louis XVIII et de Charles X. Ce monument, dû au ciseau de Coustou, se compose de figures allégoriques dont l'ensemble est imposant.

Sens, peuplée de 10,000 âmes, est le siége d'un archevêché; ses bains publics, sa salle de spectacle, une belle promenade en forme de boulevard, son collége, sont des objets que l'on voit avec plaisir; la bibliothèque publique est médiocre. On y voyait autrefois le fameux manuscrit de la Fête des fous et de la prose de l'âne, monument curieux de la folie humaine. C'est un volume in-folio qui, outre les chants et les prières consacrées à ce bizarre office, contient une prose rimée à la louange de l'âne : la couverture est ornée de sculptures en ivoire, représentant divers sujets relatifs à cette fête que l'on célébrait dans la cathédrale. Ce livre est maintenant à l'hôtel de ville. Sens est la patrie du jurisconsulte Loiseau.

Joigny agréablement située, entourée de montagnes, et bâtie en amphithéâtre, sur les bords de l'Yonne, est une ville que vous ne serez pas fâchés de voir. On y arrive par une belle grille, et par un quai spacieux qui longe la rivière que l'on traverse sur un beau pont de pierres. Le pont et le quai, décorés par une belle caserne de cavalerie, donnent une idée très-avantageuse de la ville qui n'a cependant que des rues escarpées, étroites, tortueuses, et des maisons mal bâties; mais le château qui la domine, et dont les terrasses sont fort belles, offre des points de vue magnifiques.

Arrivons à *Auxerre*, chef-lieu du département. C'est une ville ancienne, agréablement située sur la rive gauche de l'Yonne qui forme, vis-à-vis, une petite île. Elle est remarquable par ses trois églises gothiques, de Saint-Pierre, de l'abbaye Saint-Germain, et de la cathédrale. La première offre une belle tour et un mélange singulier de gothique et de moderne; la seconde, un gothique très-ancien qui touche au Bas-Empire ; la troisième se distingue par la grandeur et l'élévation de sa nef, par la peinture de ses vitraux, et par le tombeau du célèbre Amyot. C'est là tout ce qu'on voit d'intéressant dans cette ville qui est la patrie de Jean Duval, habile antiquaire ; de l'abbé le Bœuf, historien des environs de Paris ; de Saint-Palais, auteur de mémoires sur la cavalerie, et de Sedaine, auteur dramatique.

Les villes que vous avez déjà vues dans ce département sont les plus importantes ; nous pouvons négliger les autres, mais il faut voir les grottes fameuses situées dans le voisinage d'*Arcy*, bourg près de la rivière de Cure. Elles étaient autrefois regardées comme les plus belles curiosités naturelles du pays.

Ces grottes, dont l'entrée est très-étroite, ont environ trois cents toises de profondeur ou de longueur. Il y a des cintres qui forment plusieurs voûtes du haut desquelles tombe une eau cristalline qui se convertit en une pierre fort brillante et très-dure, et figure des pointes ou culs de lampe de toutes grosseurs, et qui descendent en bas, les unes plus, les autres moins, avec une diversité admirable. Entre ces congellations qui représentent une infinité de choses différentes, on en voit une bien digne de remarque. Elle est formée de plusieurs tuyaux de cinq à six pieds de hauteur, et de huit à dix pouces de diamètre, creux par dedans, et alignés les uns près des autres sans se toucher. Quand on frappe ces tuyaux avec un bâton, ils rendent des sons variés et fort agréables, ce qui leur a fait donner le nom d'*Orgue*.

A environ vingt-cinq toises de l'entrée, on trouve un petit lac qui a trente pieds de large, sur cent à cent-vingt de long, et dont l'eau est très-claire. Il est vraisemblablement composé de la partie de l'eau la plus légère qui tombe sans cesse goutte à goutte du haut des voûtes, dont la hauteur paraît être en quelques endroits de vingt pieds, et de vingt-cinq à trente dans d'autres. L'élévation, la largeur et la longueur de cette voûte, toute de pierre, produisent un écho ou retentissement fort agréable, qui dure long-temps, et qu'on entend rouler bien loin dans l'obscure profondeur de cette caverne.

Il y a un endroit de cette grotte où l'on trouve une espèce de salle, dans laquelle la nature a formé un plafond d'une terre fort unie, couleur de café, et où paraissent mille chiffres bizarres qui font un très-joli effet, de même que quelques figures de pierre mal formées par les gouttes d'eau. On appelle cet endroit la *Salle-du-Bal*.

Si l'on va jusqu'au fond de la grotte, on voit, parmi tant de jeux singuliers de la nature, une espèce de parquet en coquillages larges chacun d'environ un pied et demi, que le hasard s'est plu à former vers l'extrémité de cette caverne, dont le milieu est toujours rempli de chauves-souris fort grosses. L'air de cette grotte n'est ni chaud, ni froid, ni humide ; on peut y rester tant qu'on veut sans en être incommodé. Un bras de la rivière de Cure coule par dessous et reparaît de l'autre côté de la montagne, où ses eaux font tourner un moulin.

On compte dans ce département 333,000 habitans, dont un grand nombre s'occupe de la culture de la vigne, travail ingrat, souvent infructueux pour le vigneron, et dont le fruit est recueilli par les négocians qui font le commerce des vins, lesquels sont excellens dans ce pays.

DÉPARTEMENT DE LA COTE-D'OR.

Une chaîne de petites montagnes qui longe la rive droite de la Seine depuis Dijon, par Nuits et Beaune, jusqu'à Chagny, et dont les excellens vignobles sont une source de richesses inépuisables; cette chaîne a donné son nom au *département* de la *Côte-d'Or*, dans lequel se trouve *Montbard*, petite ville sur la rivière de Braine, au pied d'une montagne, et à jamais célèbre par le séjour qu'y a fait Buffon. C'est avec un saint respect que nous visiterons le pavillon où ce grand naturaliste a composé ses ouvrages immortels. Vous admirerez ses jardins pittoresques et singuliers par leur distribution. Montbard est bâtie en amphithéâtre, et dominée par l'ancien château qui vit naître Buffon.

Semur-en-Auxois, chef-lieu de sous-préfecture, est remarquable par sa situation pittoresque sur un roc escarpé qu'il faut gravir, après avoir passé le pont d'une seule arche de douze pieds d'ouverture, qui traverse la rivière d'Armançon. Cette ville est entourée de trois côtés par la rivière qui la divise en trois parties : le bourg, le donjon et le château. Elle est ceinte de murailles, bien percée, bien bâtie, et environnée de montagnes. L'Armançon forme de jolies cascades dans le fond du vallon. Semur offre à la curiosité une église de plus de deux cents pieds en longueur, dont la chaire est un morceau rare et curieux; un ancien obélisque en pyramide de quinze pieds de haut et d'une seule pierre; la cloche Barbe, l'hôpital, et la statue de Jason dans un jardin particulier. On y voit aussi une bibliothèque publique et une salle de spectacle.

Hâtons-nous d'arriver à *Dijon*, chef-lieu du département. C'est une ville ancienne, grande et belle, située dans une plaine agréable et fertile en vins excellens, entre l'Ouche au sud, et la Suzon au nord. Elle est formée de rues larges et bien percées, bordées de maisons élégantes et de beaux hôtels, et entourée de remparts ombragés de beaux arbres. Un château gothique, flanqué de tours énormes, bâti par Louis XI, est le seul reste de ses fortifications. La façade de l'ancien palais des ducs de Bourgogne orne la place Royale, la plus belle de ses quinze places. Cet édifice renferme une bibliothèque de plus de quarante mille volumes, un beau musée de peintures, de sculptures, d'antiquités et d'histoire naturelle; la vieille tour qui le surmonte sert d'observatoire.

Dijon, siége d'un évêché et d'une cour royale, possède un collége, une faculté des sciences, des écoles de droit, de médecine et des beaux-arts, une académie des sciences et des lettres, un mont-de-piété, un hôpital bien entretenu, et une salle de spectacle, l'une des plus belles de France. On y voit aussi des monumens dignes d'attention, entre autres, la cathédrale, édifice gothique dont on ne peut s'empêcher d'admirer la beauté et la hardiesse; le portail de l'église Saint-Michel, qui est d'un travail précieux; l'église Saint-Bénigne, dont le clocher, de forme pyramidale, a trois cent soixante quinze pieds de hauteur.

Les avenues de cette ville sont autant de promenades; celle du cours est superbe; mais la plus belle est celle du parc, à laquelle on arrive par un beau cours formé par quatre rangées d'arbres qui s'étendent dans l'espace d'environ un quart de lieue. Cependant on aime à voir la promenade de l'Arquebuse, celle de la Retraite, et le cours de Fleury et de Tivoli.

L'origine de Dijon paraît remonter au-delà de la domination romaine. Ce fut Marc-Aurèle qui l'entoura de murailles et de trente-trois tours. Grégoire de Tours nous apprend que l'empereur Aurélien y bâtit des temples et en fit une forteresse considérable. Cette ville, peuplée de 22,000 habitans, n'est ni manufacturière ni commerçante. Les sciences et les lettres y sont depuis long-temps cultivées et honorées, et c'est dans ses murs que sont nés Bossuet, Crébillon, Piron, Fréret, Rameau, Daubenton, et le président Bouhier.

En sortant de Dijon, vous verrez les forges et les usines succéder aux vignobles et aux pressoirs. La ville *d'Auxonne* vous offrira de belles rues, des remparts servant de promenades, un beau pont sur la Saône, une école d'artillerie, un arsenal de construction et une fonderie de canons. Vous remarquerez dans *Fontaine-Française*, bourg considérable, patrie de saint Bernard, le monument érigé en mémoire de la bataille que gagna Henri IV, contre le duc de Mayenne et les troupes espagnoles.

Saint-Jean-de-Losne, située sur la rive droite de la Saône, vous apprendra que la sûreté d'une place consiste moins dans le nombre que dans le courage de ceux qui la défendent. Cette petite ville est célèbre dans les fastes militaires par le siége qu'elle soutint, sans autre ressource que cinquante soldats, huit pièces de canon et quatre cents habitans remplis de bravoure, contre le grand duc Galéas, à la tête de soixante mille hommes qui, après neuf jours d'efforts inouïs, pendant lesquels la ville soutint deux assauts, furent obligés d'abandonner l'entreprise.

Nous ne quitterons pas ce département sans avoir visité *Beaune*, renommée par les vins exquis que produit son territoire. Cette ville, située sur la Boussoise au pied du Mont-Afrique, s'embellit chaque jour. Elle n'est pas grande, et cependant elle a cinq faubourgs et plus de 10,000 habitans. Sa forme est ovale, et l'on en voit peu de mieux bâties. Vous admirerez ses rues larges et droites, son joli vauxhall sur le rempart, un jeu de paume, une belle salle de spectacle, des promenades, et des bains remarquables. L'église de Saint-Pierre est un assez bel édifice, mais le plus frappant est un magnifique hôpital fondé en 1443, par Raulin, chancelier de Philippe-le-Bon, duc de Bourgogne. C'est de ce chancelier que

Louis XI disait qu'il avait tant fait de pauvres par ses exactions, qu'il était bien juste qu'il leur bâtît un hôpital. C'est dans les murs de Beaune que naquit Monge, savant illustre, l'un des fondateurs de l'école polytechnique.

Ce département, dont la population s'élève à près de 360,000 habitans, jouit d'un sol avantageusement partagé en grains, en vignobles, en mines de fer et en forêts; mais la culture de la vigne est le principal objet d'occupation de la majeure partie du peuple, dont les mœurs, ainsi que celles des Bourguignons de l'Yonne, sont généralement douces. La franchise dans les campagnes, la politesse dans les villes sont des qualités qui semblent être inhérentes au sol.

DÉPARTEMENT DU JURA.

Dôle, l'une des sous-préfectures du *département* du *Jura*, est située près de la rive droite du Doubs, sur un côteau planté de vignes, et dans une plaine qui réunit l'agrément à la fertilité. Cette ancienne cité dont les rues sont inégales, les maisons peu régulières, offre aux amateurs d'antiquités des vestiges d'amphithéâtre, d'aqueduc, de bains, de temples; des colonnes milliaires, des inscriptions, des statues et des médailles. Elle renferme aussi de beaux édifices : l'église Notre-Dame, le collége, un des plus beaux de France, les casernes de cavalerie, les anciens Cordeliers, le dépôt de mendicité, l'hospice de la charité, celui des orphelins et la prison, à laquelle on ne peut reprocher que d'être trop élégante. On y voit une bibliothèque publique, une salle de spectacle, une belle promenade, et le canal du Rhin, ouvrage admirable.

La petite ville de *Poligny*, située sur un ruisseau au pied des montagnes, est bâtie avec assez de régularité et extrêmement propre, avantage qu'elle doit aux eaux courantes de plusieurs fontaines publiques. Ses environs sont riches en monumens antiques. Deux pierres druidiques sont encore en vénération chez les paysans qui sont persuadés que chaque année, au moment de la messe de minuit, elles font des révolutions sur elles-mêmes. De vastes constructions romaines, dont on ignore la destination et que le peuple a surnommées *les Chambrettes*, parce qu'on y voit encore les traces d'un assez grand nombre de salles, paraissent dignes de fixer l'attention.

A deux lieues nord-est de cette ville se trouve celle d'*Arbois*, patrie du général Pichegru, où l'on conserve des constructions gauloises et romaines. Les ruines de son ancien château sont imposantes; le peuple se plaît à raconter les visites nocturnes qu'y fait l'esprit-malin. Suivant lui, la plus grande et la plus haute de ses tours noirâtres est souvent le séjour de la fée Mélusine. Ces antiques traditions semblent avoir pour origine le cruel acte de bienfaisance de Mahaut d'Arbois, comtesse de Bourgogne, qui, pendant une terrible famine, se trouvant dans l'impossibilité de nourrir la multitude de pauvres qui s'étaient réfugiés chez elle, les réunit dans une grange et les fit tous brûler.

Salins, simple chef-lieu de canton, détruite en 1825 par un horrible incendie, et depuis relevée de ses cendres, et *Lons-le-Saunier*, chef-lieu du département, également peuplées chacune de 8,000 âmes, sont des villes importantes par leurs salines et par leur industrie, mais elles ne présentent rien d'agréable au voyageur. La première est la patrie de l'abbé d'Olivet; c'est dans la seconde qu'est né le général Lecourbe. Il nous faudra peu de temps pour les visiter, et nous parcourrons le pays, où nous verrons les sources de la Seille qui sortent des crevasses d'un rocher, formant un affreux précipice de quatre cents pieds de profondeur. Ces sources sont d'imposantes masses d'eau qui, dans les beaux jours du printemps, coulent encore au milieu des glaçons.

Dans les environs de la petite ville de *Saint-Amour*, le peuple a conservé et célèbre plusieurs fêtes et cérémonies qui remontent à la plus haute antiquité. Le soir du premier dimanche de carême, les côteaux brillent de mille feux produits par des torches allumées que portent de jeunes villageois qui parcourent la campagne : cela s'appelle la soirée des *Brandons*. C'est un reste des fêtes antiques, célébrées en l'honneur de Cérès courant à la recherche de sa fille. Le costume des paysans est assez bizarre. Ils portent habituellement un long tablier de peau rousse qu'ils s'attachent à la ceinture, et qu'ils se passent au cou. Les paysannes se coiffent d'un petit chapeau de feutre noir bordé d'un ruban de même couleur; une robe d'étoffe bleue, à taille courte, garnie de galons de drap ou de soie sur les paremens, et qui ne cache la jambe qu'à moitié, complète l'habillement.

En côtoyant la rivière de l'Ain, nous verrons sur ses bords le village de *Condes*, près duquel les ruines de l'ancien château d'Oliferne couronnent une montagne presque inaccessible. Il fut détruit, au seizième siècle, par les Français qui, irrités de la longue résistance de ceux qui s'y étaient retirés, les massacrèrent. Les trois principales dames du château furent, dit-on, enfermées dans un tonneau, et précipitées du haut de la montagne dans la rivière. Il est peu de paysans qui n'assurent les avoir rencontrées plusieurs fois la nuit, ainsi que le seigneur d'Oliferne chassant avec sa cour dans les bois environnans.

Ce département, dont la population s'élève à 302,000 habitans, est riche de leur industrie qui crée pour ainsi dire une infinité d'objets futiles, mais d'un grand produit. Ce sont des jouets d'enfans qui, bientôt brisés entre leurs mains, ont sans cesse besoin d'être renouvelés, et occupent utilement un grand nombre d'ouvriers. Si nous eussions visité la ville de *Saint-Claude*, vous auriez vu des échantillons de ce genre de fabrication, mais j'ai cru pouvoir nous dispenser de voir cette ancienne cité qui n'est intéressante que sous le rapport historique. Située entre des montagnes sur la petite rivière de Lison, elle doit son origine à une abbaye long-temps fameuse, et dont les deux frères, Romain et Lupicin, qui figurent dans la légende, furent les fondateurs. Les domaines de cette abbaye, accrus par les immenses donations des rois de France, des princes et de tous les fidèles, s'étendirent au point que les abbés de ce monastère devinrent seigneurs de tout le pays, propriétaires de toutes les terres, et maîtres de la vie des habitans. Tout individu, domicilié pendant une année dans cette contrée, était inscrit au nombre de leurs esclaves. En quelques lieux que ses biens se trouvassent, il était arraché à sa femme et à ses enfans, et vendu au profit de l'abbaye. Cette coutume monstrueuse ne fut entièrement abolie que sous le règne de Louis XVI.

DÉPARTEMENT DU DOUBS.

Les branches du mont Jura, qui s'étendent sur le *département* du *Doubs*, le divisent en trois régions : la supérieure, la moyenne et l'inférieure. La première est hérissée de rochers dont les sommets sont couverts de neige, pendant sept à huit mois de l'année ; la moyenne est sous l'influence d'une température plus douce ; la région basse ou la plaine s'étend au pied des montagnes ; c'est la partie la plus fertile et la plus peuplée, celle dans laquelle vous verrez *Besançon*, chef-lieu du département, siége d'un archevêché et d'une cour royale. Cette ville ancienne, l'une des mieux bâties de France, est située sur le Doubs, rivière qui la divise en deux parties, et fortifiée par une citadelle élevée sur un rocher. Les deux quartiers de cette cité, qui a conservé sa forme primitive, communiquent par un pont de pierres dont les fondations sont romaines. La plus belle promenade, tracée sur l'emplacement de l'antique champ-de-mars, se nomme encore le *Chamart*. L'un de ses plus beaux monumens antiques est la *Porte-Noire*, arc de triomphe qui paraît avoir été érigé en l'honneur de Crispus César, ce fils de Constantin, immolé à la jalousie paternelle. Dans l'enceinte on voit aussi des restes d'un aqueduc ; et hors des murs, les ruines d'un amphithéâtre. On cite, parmi ses promenades, le jardin du palais de Granvelle, rendez-vous ordinaire des élégans de Besançon, et celle de la montagne de Chaudane, qui est parsemée de taillis et de buissons épais.

Les monumens modernes offrent aux curieux l'hôtel de la préfecture, la salle de spectacle, l'hôpital dont les connaisseurs admirent la grille en fer; l'ancienne abbaye des Bénédictins de Saint-Vanne, et l'église de la Madelaine qui possède trois chefs-d'œuvre : le tableau de la Résurrection de Vanloo, et deux anges en marbre blanc, par Breton. Les belles casernes et de superbes fontaines contribuent à l'embellissement de cette ville où l'on trouve tous les établissemens ordinaires d'utilité, et une bibliothèque de cinquante mille volumes. Besançon, peuplée de 30,000 âmes, est la patrie du littérateur Suard, et du général Moncey.

Ce département qui a pour principales rivières le Doubs, dont la navigation se lie avec le canal de Monsieur, la Dessoubre, la Loue et l'Oignon, et renferme 242,750 habitans, offre aux voyageurs des objets de curiosité plus intéressans que ses villes secondaires. La *grotte d'Ozelles*, près de la petite ville de Quingey, présente une suite de chambres qui communiquent les unes aux autres, et qui, dans leur ensemble, ont quatorze toises de longueur. Les voûtes et les parois de chacune de pièces qui la composent offrent des colonnes ornées de tout ce que le goût gothique a de plus délicat. Les unes ont des chapiteaux d'un volume énorme, et hors de proportion avec la base; d'autres ont une base très-massive et un très-petit chapiteau. Dans certaines pièces on voit des alcoves, des réduits, des cabinets, des tombeaux, des statues, des trophées, des festons, des fruits, des fleurs, des animaux. Dans d'autres, ce sont des niches, des figures grotesques portées sur des espèces de consoles, des buffets d'orgue, des chaires à prêcher. Une eau calcaire, qui découle continuellement des voûtes, produit ces figures singulières, variées suivant les différentes inclinaisons du plan le long duquel elle découle, et son plus ou moins de fluidité. Cette eau y tombe quelquefois en formant des colonnes brillantes, à travers lesquelles on peut se promener, et qui présentent, aux flambeaux dont les curieux se font précéder, un spectacle bizarre, mais éclatant et tout-à-fait singulier.

Une autre grotte, moins vaste, mais aussi remarquable, est celle située près du village de *Cheneçay*. On y voit un nombre de rochers figurant des hommes et des animaux, tels qu'en ébauche quelquefois l'art grossier des sauvages. La source de la Loue, le saut du Doubs, et la fontaine ronde peuvent être aussi mis au rang des curiosités du pays.

La Loue prend sa source dans une vallée que l'on cite avec raison comme un des endroits les plus sauvages et les plus pittoresques du Jura. Resserrée, profonde et à pic, elle semble être un vaste puits qu'ont ébréché les siècles pour l'écoulement des eaux. On descend au fond de ce précipice par une rampe taillée dans le roc, et l'on y voit un torrent s'échappant des rochers, et tombant de trente pieds de hauteur avec un fracas épouvantable. Ce torrent sert à l'industrie de l'homme qui en a su tirer parti, en l'employant à imprimer le mouvement à une foule d'usines. Il se perd ensuite au loin, dans une succession de rochers, de gorges, de cascades et de précipices.

Le Doubs, qui a donné son nom au département, prend sa source au pied de la montagne de Rixon, forme les lacs de Rémoray et de Saint-Point, et s'en échappe pour aller former encore, à l'extrémité de la vallée de Morteau, cette cataracte appelée le saut du Doubs.

La fontaine ronde est ainsi nommée à cause de la forme circulaire de son bassin. Elle jette des eaux qui ont quelque chose de ferrugineux, et a, comme la mer, son flux et son reflux.

DÉPARTEMENT DE LA HAUTE-SAONE.

Vesoul, dont la population s'élève à peine à 6,000 âmes, est le chef-lieu du *département* de la *Haute-Saône* qui ne se compose que de très-petites villes, mais dont l'industrie se fait remarquer jusque dans les moindres villages. Cette ville est située sur la rivière de Drugeon, au pied d'une montagne, dite *Motte de Vesoul*, qui à la forme d'un pain de sucre, et dont on atteindrait difficilement le sommet en une heure de marche. Les édifices les plus remarquables sont l'église dans laquelle on voit un beau maître-autel en marbre et un ancien sépulcre; l'hôtel de ville, le palais de justice, la halle, les casernes et l'hôtel de la préfecture, tous bâtimens modernes. Dans le collége est une bibliothèque publique de plus de vingt mille volumes. Cette ville possède des eaux minérales, des bains de vapeurs, une salle de spectacle et d'assez belles promenades. Ses environs offrent divers objets et plusieurs lieux intéressans.

A ses portes, les grottes *d'Echenos-les-Molines*, curieuses par leur étendue, renferment une grande quantité d'ossemens d'animaux dont l'espèce est inconnue. Près de Jussey, on a trouvé des fondations de vastes édifices, des traces d'anciens fossés qui justifient la tradition, qui attribue la fondation de cette petite ville à une colonie romaine. Core paraît être bâtie sur les ruines d'une cité gauloise. Des statues, des bas-reliefs, des médailles se pressent sur le sol de ce modeste village, seul reste d'une ville importante.

A une lieue de Vesoul, les curieux vont voir ce qu'on appelle le *frais puits*. C'est une source placée au fond d'une fosse, et qui dans les temps ordinaires donne peu d'eau. Mais à la suite des saisons pluvieuses, il s'élève de cette fosse une colonne d'eau qui monte quelquefois à plus de vingt-cinq pieds de hauteur, inonde les campagnes voisines, et couvre deux lieues de pays jusqu'à la Saône. Ce regorgement d'eau sauva, en 1557, la ville de Vesoul, assiégée par une armée allemande. Il n'avait plu que pendant vingt-quatre heures, et cependant le *frais puits* vomit une si grande quantité d'eau, qu'en moins de cinq à six heures, toute la campagne en fut inondée. Les assiégeans, effrayés par cette inondation subite dont ils ignoraient la cause, se crurent sur le point d'être submergés, et gagnèrent les montagnes avec précipitation, abandonnant leur artillerie, leurs provisions et leur bagage.

Avant de quitter ce département, où l'on compte plus de 308,000 âmes, nous passerons quelques jours à *Luxeuil* située à l'extrémité d'une plaine longue et fertile, au pied d'une colline couverte de forêts, et arrosée par les rapides et poissonneuses rivières de Brouchin et de la Lanterne. Cette petite ville est ancienne et jolie; elle est renommée par ses bains chauds. On voit encore à quatre cents pas de ses murs les ruines des anciens thermes, qui donnent une idée de la magnificence romaine. Mais ceux qui existent aujourd'hui sont aussi très-beaux, et à l'époque des eaux, les habitans ne négligent rien pour rendre le séjour de leur ville agréable aux étrangers. Ce département et les deux précédens sont composés de l'ancienne province de Franche-Comté, pays dont le peuple des campagnes est d'une crédulité qui le met pour ainsi dire à la merci du premier intrigant. Les sorciers y ont joué long-temps un rôle fort lucratif, et leur crédit n'y est pas encore entièrement perdu.

DÉPARTEMENT DU HAUT-RHIN.

Quelques rameaux du Jura et des Vosges forment au midi et à l'orient la partie montagneuse du *département* du *Haut-Rhin*. La partie occidentale bornée par le fleuve est une longue plaine. Entrons d'abord dans *Béfort*. C'est une petite ville située sur la Savoureuse, au pied du Mont-Maudit, et entourée de fortifications construites par Vauban. Quelques-unes de ses rues sont larges et tirées au cordeau. Ses casernes sont belles, mais l'hôtel de ville, l'hôpital militaire, et la citadelle, n'ont rien de particulièrement remarquable. Béfort est la patrie de l'abbé de Laporte.

Colmar, chef-lieu du département, siége d'une cour royale et d'une cour d'assises, tient depuis long-temps un rang important parmi les villes de l'ancienne

Alsace. Sa construction est belle, et sa situation dans une plaine fertile arrosée par l'Ill est aussi avantageuse que pittoresque. De petites rivières distribuées en divers canaux arrosent ses rues et contribuent à sa propreté. Elle possède un collége, une superbe pépinière, un arsenal, une salle de spectacle. Le plus beau de ses édifices est l'église des Dominicains; mais le palais de justice, l'hôtel de ville et celui de la préfecture méritent d'être vus. La bibliothèque publique est considérable; on n'y compte pas moins de soixante mille volumes. Le nombre des habitans ne s'élève qu'à 15,000, et n'est pas proportionné à l'étendue de la ville qui renferme diverses manufactures d'indiennes, de toiles peintes, de siamoises, de mouchoirs et de bonneteries. Colmar a donné naissance à Martin Schoen, le plus ancien graveur sur métaux, et à Rewbel, l'un des membres du directoire qui pendant quelque temps a gouverné la France.

Ce département, peuplé de 375,000 habitans, est coupé par un grand nombre de canaux, de rivières et de grandes routes, qui, avec sa position sur le Rhin, favorisent son commerce dans l'intérieur et chez l'étranger. Les fabriques y sont nombreuses et variées. Le Kirsch-Waser, liqueur dont le débit est considérable, le dispute en force et en bonté à celui de la Forêt-Noire.

Les habitans forment deux espèces d'hommes : ceux de la plaine et ceux de la montagne. Les montagnards conservent l'ancien caractère national, et sont très-attachés aux usages de leurs pères, qu'ils observent dans la couleur et la coupe de leurs vêtemens, la structure de leurs maisons, leurs meubles et leurs outils. L'habitant de la plaine attache du prix aux commodités de la vie, et se rapproche des usages des départemens de l'intérieur. Ses mœurs sont moins sévères que celles des montagnards, mais ses habitations ne sont ni plus saines ni mieux distribuées.

DÉPARTEMENT DU BAS-RHIN.

La première ville que nous offrira le *département* du *Bas-Rhin*, au sortir du territoire de Colmar, est *Schélestat* sur la rivière d'Ill qui la traverse. Défendue d'un côté par des marais, de l'autre par de bonnes fortifications, ouvrage de Vauban, cette place est jolie, et renferme 10,000 habitans. Sa principale église est belle; on voit aussi avec intérêt sa manufacture d'armes, ses fonderies de cuivre et de fer, ses fabriques de tabac, de chapeaux de paille et de gaze métallique. Cette ville ancienne et plusieurs fois ruinée était considérable du temps de Charlemagne; elle a beaucoup souffert, surtout pendant la guerre de trente ans; mais à dater de sa réunion à la France, sa prospérité n'a point éprouvé d'interruption. On lui doit l'invention de l'art de vernisser la faïence.

L'arrondissement de Schelestat comprend plusieurs villes intéressantes sous le rapport de l'industrie, mais *Strasbourg*, chef-lieu du département, siége d'un évêché, et peuplée de 50,000 âmes, est bien autrement importante. C'est une ville ancienne, située dans une plaine riante, fertilisée par les rivières d'Ill et de Bruch, à un quart de lieue du Rhin que l'on traverse sur un grand pont dominé par le fort de Kelh. Cette place, fondée par les Celtes et fortifiée par Drusus contre les irruptions des Germains, fut détruite par Attila, et rebâtie par Clovis non loin de ses ruines. Elle faisait partie des villes libres et impériales, avant la conquête qu'en fit Louis XIV en 1681, époque depuis laquelle elle est demeurée à la France.

Cette cité, dans laquelle on entre par sept portes, est entourée de fortifications et défendue par une citadelle qui fut construite par Vauban. Elle est traversée par l'Ill, que l'on passe sur plusieurs ponts de bois. Les rues y sont belles, et les maisons bien bâties ; la grande rue, celle du marché au poisson et celle de la boucherie sont superbes. La ville renferme beaucoup d'édifices et d'objets bien dignes de curiosité : la cathédrale, dans laquelle on voit une horloge qui passe pour un chef-d'œuvre de mécanique et d'astronomie, est une des plus belles de l'Europe. Sa flèche, dont on admire la légèreté, est haute de quatre cent trente-six pieds, surpasse en hauteur les édifices les plus élevés, et ne le cède que de treize pieds à la pyramide d'Égypte ; elle est percée à jour, et découpée comme de la dentelle ; on y monte par un escalier de six cent trente-cinq marches. Après la cathédrale, le plus beau de ses édifices est le château royal, où réside l'évêque ; le palais de justice, l'hôtel de ville, celui de la préfecture, et la nouvelle salle de spectacle ne sont pas indignes de cet important chef-lieu. L'église de Saint-Thomas, bâtie dans le dix-septième siècle, renferme plusieurs beaux mausolées, dont le plus remarquable est celui du maréchal de Saxe, sculpté par Pigal. L'arsenal, bâtiment d'une belle étendue, les casernes et les fonderies de canons sont parfaitement convenables à une place de guerre de première classe; on voit encore avec intérêt la place d'armes, les greniers publics, l'observatoire, la maison des Enfans-Trouvés, l'hôpital bourgeois, et l'on admire le Pont-Royal du Rhin, dont la construction est en charpente de chêne, sans la moindre maçonnerie, et qui peut, au besoin, se démonter en quarante-huit heures.

Cette ville possède, outre les établissemens que vous avez trouvés dans les plus importans chefs-lieux, un grand temple pour le culte protestant, plusieurs bibliothèques publiques; les habitans y jouissent de deux spectacles, comédie allemande et comédie française, et de diverses promenades dans le nombre desquelles celles du Broglie, de la Robertsau, et de la plaine de Hohenlinden, méritent la préférence.

Strasbourg est l'entrepôt du commerce de la France, de l'Allemagne, de la Suisse et de l'Italie. C'est dans ses murs que sont nés le pasteur Oberlin, et les généraux Kléber et Kellermann. Près de la ville, au milieu de l'espace réservé aux manœuvres de l'artillerie, s'élève un obélisque construit en l'honneur de Kléber. Derrière la citadelle, dans l'île située en face du village de Kelh, un autre obélisque est consacré à la mémoire de Desaix.

Ce département, qui a pour limites au nord la Bavière rhénane, et à l'est le Rhin, est peuplé de 504,000 habitans. Les montagnes renferment vingt-neuf mines de fer, dont sept seulement sont exploitées. Le pays est rempli de forges, d'usines, de manufactures, de fabriques employées à divers genres d'industrie qui tous contribuent à sa prospérité.

Les habitans du Bas-Rhin sont laborieux, mais aiment les plaisirs, et par-dessus tout la musique et la danse. Il n'est point de village un peu considérable qui n'ait sa musique, point de hameau qui n'ait son ménétrier. Les hommes ont la taille haute, et les traits fortement prononcés; la stature des femmes est moyenne. Leur costume se compose d'une jupe courte et largement plissée, un long corsage, un chapeau de paille, presque plat et décoré de cocardes et de rubans. Celui des hommes consiste en un chapeau à cornes, un habit carré, un gilet long, une culotte courte, des bas gris et un tablier blanc.

Le Rhin, qui donne son nom aux deux départemens que nous venons d'explorer, est le plus grand fleuve de l'Europe, après le Danube et le Volga. Il prend sa source aux glaciers du mont Saint-Gothard, au pays des Grisons, se dirige vers le nord-est, passe à Coire, où il devient navigable, et traverse ensuite le lac de Constance dans toute sa longueur; en coulant vers le nord, il sépare la Suisse et la France de l'Allemagne, entre dans les états prussiens, puis dans les Pays-Bas, arrive au fort de Schenk, où il se divise en deux branches, dont la droite garde le nom de *Rhin*, et la gauche prend celui de *Wahal*. La première forme deux nouveaux bras à Arnheim; l'un se nomme l'Yssel et se jette dans le Zuidersée dans la direction septentrionale; l'autre, conservant le nom de Rhin, continue son cours à l'ouest. Le Rhin forme encore deux autres bras à Wick de Duerstede, dont le moins considérable garde le nom primitif, et va se perdre dans les sables de l'Océan, aux dunes de Catwick, au-dessus de Leyde, ville de Hollande ; l'autre, qui a le nom de *Lech*, reçoit la Meuse, et va se jeter dans la mer.

La navigation de ce fleuve, auquel on donne trois cents lieues de cours, est très-difficile en remontant, à cause d'un grand nombre d'îles formées par les inondations. Ses eaux sont rapides à sa naissance, et deviennent ensuite plus calmes. Ce fleuve forme, au-dessous de Schaffouse, ville de la Suisse, une des plus belles cascades qu'il soit possible de voir.

DÉPARTEMENT DE LA MOSELLE.

La région septentrionale, qui nous reste à parcourir pour connaître la France dans toutes ses parties, est la plus riche, la plus éclairée, la plus industrieuse, la plus peuplée, et conséquemment la plus importante. Le *département* de la *Moselle* confine au nord avec les possessions de la Bavière, de la Prusse, et des Pays-Bas ; ainsi plusieurs des villes qu'il renferme sont ce que l'on appelle des places fortes.

Metz, ancienne capitale du pays Messin, aujourd'hui chef-lieu du département et siége des principales autorités, est située au confluent de la Moselle et de la Saille. Pour avoir une idée favorable de cette ville, il faut descendre dans son beau bassin par un chemin tracé en zigzag depuis le plus haut plateau de ses environs jusqu'au joli village de Rozerieulles, qui se cache dans une petite gorge garnie de vergers et de vignes. De l'extrémité de cette côte, on aperçoit la Moselle coulant au milieu de belles prairies avant de se partager en plusieurs bras, qui rendent plus redoutables les imposantes fortifications de la place.

Cette ville, siége d'un évêché et d'une cour royale, renferme divers monumens qui méritent attention. La cathédrale, une des plus belles églises de France, a trois cent soixante-treize pieds de longueur, cent trente-trois de hauteur et cinquante de largeur. Tout l'édifice est soutenu par trente-quatre colonnes de neuf pieds de diamètre; l'architecture, quoique gothique, est belle et délicate, la voûte du chœur passe pour un morceau très-hardi, l'église est fort claire, quoique les vitraux soient peints. L'une des deux tours renferme une cloche qui pèse vingt-six milliers, que l'on appelle *la Mutte*, et que l'on ne sonne que dans les grandes occasions; l'autre tour contient les cloches destinées aux usages ordinaires de l'église. Dans l'intérieur de la cathédrale, on voit une magnifique cuve de porphyre, que le peuple croit avoir servi de baignoire à Jules-César; c'est un très-beau morceau, bien conservé, et qui sert de fonts baptismaux.

Le palais de justice est un édifice de forme quadrangulaire, d'une blancheur éclatante, et d'une architecture qui gagne dans l'éloignement ce qu'elle perd à être vue de près. Il est situé près des beaux arbres de l'esplanade, sur la plus belle promenade de la ville. On voit avec un égal intérêt l'église de Saint-Vincent, dont le portail est orné d'un triple rang de colonnes; l'hôtel de la préfecture, les belles casernes, l'arsenal, l'hôpital militaire, le nouveau marché, le quartier Thiébaud, cinq belles places, les rues larges et bien pavées, et les maisons généralement bâties avec goût.

Cette ville, peuplée de 46,000 âmes, possède divers établissemens utiles, des sociétés savantes, une bibliothèque de soixante mille volumes, une salle de spectacle et de superbes promenades. C'est dans ses murs que sont nés le brave Fabert, le romancier de Mouhy, l'aéronaute Pilatre du Rozier, et les généraux Custine et de Lasalle.

Les autres villes de ce département, qui compte dans son sein 377,000 habitans, ne sont que très-inférieures en comparaison du chef-lieu, où l'on trouve le même genre d'industrie et de commerce.

DÉPARTEMENT DE LA MEUSE.

Les voyageurs qui ne cherchent que de belles villes, de beaux monumens, des objets d'antiquité, ne trouveront rien de bien attrayant dans le *département* de *la Meuse*, quoiqu'il soit important en lui-même. Voyons cependant les principales places.

Verdun, située sur les deux rives de la Meuse, est une ville ancienne, garnie de remparts et défendue par des fortifications construites par Vauban. Elle est assez bien bâtie, mais ses rues qui descendent rapidement vers la rivière sont pavées de cailloux pointus, aussi peu commodes pour les chevaux que pour les hommes. On y remarque l'église de Saint-Vannes dont l'autel est admirable, l'ancien palais épiscopal, le quartier de cavalerie, la salle de spectacle qui est fort jolie, et les promenades qui sont très-agréables. Les dehors de la ville sont charmans à cause des îles que la Meuse y forme. Verdun, patrie de l'illustre Chevert, est renommée pour ses confitures et ses dragées, dont elle fait un commerce considérable.

Bar-le-Duc, ou *Bar-sur-Ornain*, est le chef-lieu du département. Ce n'est qu'une ville de 10,000 âmes, très-industrieuse, et dont les confitures, très-renommées pour leur délicatesse, rivalisent celles de Verdun. Elle est située sur la pente d'une colline baignée par l'Ornain. Sur cette rivière est un petit port où règne une grande activité. C'est là que sont déposées les planches de sapin venant des Vosges, et celles de chêne débitées dans les forêts voisines, et destinées à l'approvisionnement de la capitale.

Saint-Mihel, près de la Meuse, entre des montagnes, est dans une position pittoresque qui en fait un séjour agréable. Cette ville vous offrira, dans la modeste enceinte de son église paroissiale, un morceau de sculpture digne de l'admiration des connaisseurs. C'est un saint-sépulcre fait d'un seul bloc de pierre, du grain et de la blancheur du marbre, dont les treize figures, par la simplicité de leur disposition et par le fini de leur exécution, annoncent le talent d'un artiste exercé. Ce monument est dû au ciseau de Ligier-Michier, élève de Michel-Ange.

Ce département, dont la population s'élève à plus de 292,000 habitans, doit son nom à la Meuse, fleuve ou grande rivière, qui prend sa source près du village de Meuse dans le département de la Haute-Marne, traverse celui de la Meuse et celui des Ardennes, passe à Sédan et à Mézières, se dirige ensuite vers les Pays-Bas, reçoit la Sambre à Namur, l'Ourthe à Liége, passe à Maëstricht, à Ruremonde, à Graves, à la Brielle, et se jette dans la mer du Nord, après un cours de cent soixante lieues.

DÉPARTEMENT DE LA MEURTHE.

Une rivière, qui a sa source dans les Vosges et son embouchure dans la Moselle, a donné son nom au *département* de *la Meurthe*, dont les principales villes sont Nancy et Lunéville, l'une et l'autre également intéressantes sous divers rapports.

Nancy, ancienne capitale de la Lorraine, aujourd'hui chef-lieu du département, siége d'un évêché et d'une cour royale, est située dans une plaine fertile baignée par la Meurthe, et passe avec raison pour une des plus belles villes de l'Europe, par la régularité et la magnificence de ses édifices. Elle est divisée en deux villes, vieille et neuve : la vieille offre un amas confus de maisons sans goût, de rues étroites, mais la neuve a des rues larges, alignées, et des maisons d'une construction régulière. Ses places publiques sont vastes, et ornées de belles fontaines. La place Royale est la plus remarquable ; l'hôtel de la préfecture, l'hôtel de ville et la salle de spectacle sont les principaux édifices qui forment son enceinte. Du centre de cette place, arrosée par quatre fontaines en bronze, l'œil mesure l'étendue de plusieurs longues rues tirées au cordeau, qui aboutissent aux extrémités de la ville ; deux d'entr'elles opposées l'une à l'autre se terminent par une belle porte en arc de triomphe. Les casernes et l'hôpital sont magnifiques, mais les églises ne répondent point à ce luxe d'architecture. Celle de Bon-Secours renferme le mausolée de Stanislas, à qui cette ville doit ses embellissemens ; ce mausolée est un chef-d'œuvre de Girardon. On voit dans la cathédrale les tombeaux des ducs de Lorraine. Les promenades sont généralement agréables, mais celle de la Pépinière est la plus belle de toutes.

Nancy renferme un grand nombre d'établissemens utiles et 30,000 habitans. Ce n'est que depuis quelques années qu'elle s'est livrée aux occupations industrielles, indépendamment de ses boules vulnéraires qui sont toujours en réputation. Cette ville est la patrie du peintre Calot, du P. Maimbourg, du maréchal Bassompierre, de madame de Graffigny, de Chompré, de Palissot, de Saint-Lambert, et du maréchal Serrurier.

Lunéville, située dans une plaine agréable, sur la Vezouze, près de son confluent avec la Meurthe, était vers le milieu du dix-septième siècle une petite place forte. Le duc Léopold la rendit régulière, et le roi Stanislas, qui y tenait sa cour, a également contribué à l'embellir. C'est en effet une ville charmante : on y voit l'ancien château des ducs de Lorraine et de Stanislas qui a été converti en un quartier de cavalerie; la caserne de l'Orangerie, construction nouvelle, dont l'architecture est simple, l'intérieur commodément distribué, et vrai modèle pour les édifices de ce genre; le grand manége couvert, l'un des plus beaux qu'on puisse voir, et qui a trois cents pieds de long sur quatre-vingts de large, sans supports intérieurs; la place Neuve sur laquelle on admirait autrefois une superbe fontaine à huit jets d'eau, monument qui, depuis 1796, n'existe plus. Le champ de mars et les bosquets près du château, la salle de spectacle, et les divers établissemens utiles que cette jolie cité renferme, sont dûs à ces princes dont les revenus étaient cependant très-médiocres, mais qui savaient les employer utilement. C'est dans ses murs que sont nés Boufflers, Monvel et l'ancien député Girardin.

Les habitans des villes et des campagnes de ce département, où l'on compte 380,000 âmes, rivalisent d'industrie dans l'exploitation des forges, des salines, et des fabriques d'objets divers d'utilité et de luxe, qui occupent un grand nombre d'ouvriers. Ses salines sont les plus riches de celles qui existent en France.

DÉPARTEMENT DES VOSGES.

La première pensée de tout voyageur qui se propose de parcourir le *département* des *Vosges*, est de visiter *Domremy-la-Pucelle*, village qui vit naître Jeanne d'Arc, et qui est situé dans une vallée embellie par les sinuosités de la Meuse. Ces vastes prairies, ces côteaux un peu nus, mais couverts de pâturages, ont été le théâtre des occupations champêtres de cette villageoise qui quitta la houlette pour l'épée des combats, qui abandonna ses troupeaux pour conduire à la victoire les Français découragés par les revers.

Près de l'église, la maison où elle reçut le jour se reconnaît à une porte gothique surmontée de trois écussons fleurdelisés, et d'une statue qui représente cette héroïne couverte de son armure. Cette maison est une propriété nationale. Louis XVIII donna à la commune douze mille francs pour ériger un monument en l'honneur de Jeanne, huit mille pour fonder une école d'enseignement mutuel destinée à l'instruction des jeunes filles de Domremy et des communes environnantes, et huit mille francs pour une rente affectée à l'entretien d'une sœur de charité chargée de desservir cette école. La maison fut restaurée et rétablie dans son état primitif; un beau tableau en décore l'intérieur. La place publique est embellie par une plantation régulière de peupliers, au milieu de laquelle on a construit une fontaine surmontée par le buste de l'héroïne, avec cette inscription : *A la mémoire de Jeanne d'Arc.*

Épinal, chef-lieu du département, située sur la Moselle, au pied des Vosges, n'est qu'une ville de 8,000 âmes. La rivière la divise en deux parties inégales, dans lesquelles on remarque plusieurs rues bien percées. Elle était autrefois fortifiée; ses remparts sont détruits, et l'on n'y voit plus que les restes de son ancien château. Malgré sa faible population, elle renferme quelques établissemens utiles, et est entourée de belles promenades. Le peu de temps qu'exigera la visite de ce chef-lieu nous permettra de passer quelques jours à *Plombières*, petite ville sur l'Angronne, entourée de montagnes. Elle est renommée par ses bains d'eaux thermales, dont on attribue la construction à Jules César. On y voit une superbe église, un bel hôpital, des promenades charmantes, et surtout bonne compagnie.

Ce département, peuplé de 358,000 habitans, tire son nom d'une chaîne de montagnes qui se détachent du mont Jura, séparent l'Alsace et la Franche-Comté de la Lorraine, et s'étendent jusqu'aux Ardennes. Ses sommets les plus élevés sont le Ballon près l'abbaye de Murbach, dont la hauteur surpasse sept cents toises, et la montagne de Saint-Odile, d'où l'on découvre une vaste étendue de pays.

Les départemens de la Moselle, de la Meuse, de la Meurthe et des Vosges, sont formés de l'ancienne province de Lorraine, dont les habitans sont en général grands, forts, braves et laborieux. Ils sont peu adonnés au luxe, et se contentent de l'accoutrement de leurs ancêtres. Les femmes n'ont pas cette taille élégante et svelte qui les fait remarquer au premier coup d'œil, mais elles ont des traits agréables, et une belle carnation.

DÉPARTEMENT DE LA HAUTE-MARNE.

Mes amis, nous avons pris les eaux de Plombières, allons maintenant goûter celles de *Bourbonne-les-Bains* dans le *département* de la *Haute-Marne*. C'est une petite ville, bâtie en pente, au confluent du ruisseau de la Borne et de la rivière de l'Apance. Elle est laide et peu peuplée, mais ce qui lui donne de l'importance, c'est son vaste et magnifique établissement d'eaux minérales; c'est aussi son bel hôpital militaire qui contient plus de cinq cents lits. La température de ses sources varie de 3o et 48 degrés; on ne peut y tenir le doigt, et cependant on les boit sans se brûler. Ces eaux, qui sont très-efficaces contre diverses maladies, étaient très-estimées des Romains; elles se prennent en boissons, en bains, depuis le premier juin jusqu'au premier octobre.

Non loin des sources de la Marne, de la Meuse et de la Vingeanne, *Langres*, siége d'un évêché, s'élève sur une montagne escarpée. Cette ville jouissait sous les Romains d'une grande importance. Elle eut ses sénateurs, son capitole, des temples et des théâtres. C'est dans son sein que naquirent Eponine et Sabinus, dont la mort a terni le règne de l'empereur Vespasien. Langres renferme de beaux édifices et des établissemens utiles. Sa cathédrale est un beau monument du moyen âge; l'hôtel de ville, l'arc de triomphe de Constance Chlore, les fontaines méritent d'être vus; la bibliothèque publique se compose de plus de trente mille volumes. Elle possède aussi une belle salle de spectacle et une jolie promenade qui offre un coup d'œil magnifique sur ses environs. C'est dans son sein que Barbier d'Aucour et Diderot ont pris naissance.

Chaumont, chef-lieu du département, n'est qu'une petite ville de 7,000 âmes, mais elle est jolie et agréablement située sur le penchant d'une colline au bord de la rivière de Marne. C'est dans ses murs qu'en 1814, la Russie, l'Autriche et la Prusse conclurent une alliance pour la ruine de Napoléon Bonaparte. Depuis 1821 ses murailles ont été réparées, et maintenant elle tient un rang parmi les places de guerre. Vous y verrez des établissemens de bienfaisance et d'instruction, une bibliothèque publique et une salle de spectacle. On y admire l'église du collége, dont le portail est fort beau, le maître-autel en argent massif, et la chaire épiscopale en marbre rouge. L'hôtel de ville est un édifice d'une belle construction. Le palais de justice mérite d'être vu, et les promenades sont agréables. Chaumont est la patrie du poète Lemoine et du sculpteur Bouchardon.

Suivons les sinuosités de la Marne; elles nous conduiront à *Joinville*. Nous y verrons le château dans lequel naquirent l'historien de saint Louis, et le fameux cardinal de Lorraine. Cette petite ville est située sur la Marne, près des ruines d'une ville romaine. Elle est sur le territoire de *Vassy*, place célèbre par le massacre des protestans réunis dans leur temple, en 1561, crime commis par les gens du duc de Guise, et qui fut le signal des guerres civiles qui ont désolé la France.

Ce département, dans lequel vous avez pu remarquer un grand nombre de forges et de fabriques, des filatures et des manufactures de divers genres, est peuplé de 234,000 habitans. Il s'y fait un commerce considérable de tonneaux, de seaux et de bateaux confectionnés dans le pays.

DÉPARTEMENT DE L'AUBE.

Les villes du *département* de l'*Aube* sont riches en souvenirs. A peu de distance de la rivière de ce nom, s'élève *Brienne*, divisée en deux parties par un espace de mille pas : l'une est Brienne la ville, l'autre Brienne le château. La première est au bord de la rivière; la seconde sur la pente d'une éminence artificielle que domine un beau château construit par les soins du ministre Loménie de Brienne pour une école militaire, qui a compté parmi ses élèves Napoléon Bonaparte.

Bar-sur-Aube, située au pied d'une montagne, n'a rien de remarquable, mais elle est célèbre par le combat qui eut lieu près de ses murs en 1814, entre les Français et les armées coalisées. Elle est aussi renommée par l'excellence de ses vins.

Troyes, ancienne capitale de la Champagne, aujourd'hui chef-lieu du département, est la ville qu'il nous importe de visiter. Elle est située dans une plaine vaste et fertile, et arrosée par la rivière de Seine qui l'entoure en partie, et qui s'y divise en plusieurs bras, au moyen de canaux construits au douzième siècle, par le comte Thibaut VI, à qui elle dut son industrie, et les institutions qui en assurent la prospérité. Troyes, siége d'un évêché, peuplée de 30,000 âmes, n'a que quelques rues larges et bien alignées. Elle est généralement mal bâtie. La plupart des maisons y sont en bois, et font un très-mauvais effet, mais on y voit de beaux édifices. La cathédrale mérite d'être citée pour la beauté de son architecture gothique, la richesse de son portail, et la hardiesse de ses voûtes ; l'église de Saint-Martin est un modèle d'élégance et de légèreté ; la façade de l'hôtel de ville, ouvrage de Mansart, est un superbe morceau d'architecture. La bibliothèque publique, qui renferme plus de cinquante-cinq mille volumes et cinq mille manuscrits, est une des plus riches de France. La salle de spectacle est belle, et les environs de la ville offrent des promenades infiniment agréables. On admire, avec juste raison, la construction ingénieuse des boucheries, où les mouches n'entrent jamais.

C'est dans cette ville que, le 21 mai 1440, fut célébré le mariage de Henri V, roi d'Angleterre avec Catherine de France, fille de Charles VI, qui signa un traité par lequel il consentait à soumettre la France au sceptre de son gendre, ce qui heureusement n'empêcha pas Charles VII de chasser les Anglais, et de recouvrer la couronne qui lui appartenait par les droits de la naissance soutenus de l'amour des Français. Troyes était importante à l'époque du règne de Julien, qui en chassa les Allemands prêts à l'assiéger. Cette ancienne cité, très-industrieuse, est la patrie du pape Urbain IV, du littérateur Passerat, de l'historien Juvenal des Ursins, du sculpteur Girardon, du peintre Mignard.

Peuplé de 231,000 habitans, ce département est arrosé par six rivières poissonneuses, dont les principales sont la Seine et l'Aube. La partie septentrionale du territoire était anciennement appelée *Champagne pouilleuse*, parce qu'elle est assez généralement peu fertile. Les mœurs des Champenois sont fort simples, mais malgré le fonds de bonhomie que l'on remarque en eux, ils entendent leurs intérêts avec une finesse peu commune; leur goût pour la simplicité ne les rend pas insensibles aux jouissances du luxe, mais ils savent y mettre des bornes.

DÉPARTEMENT DE LA MARNE.

La plupart des villes qu'offre à la curiosité le *département* de la *Marne* sont assez intéressantes, mais il en est dont l'importance exige une attention particulière, et un séjour plus ou moins long. Voyons d'abord celles-ci, et commençons par *Châlons-sur-Marne*, siége d'un évêché et des principales autorités. C'est une grande ville, bien qu'elle ne renferme qu'environ 12,000 âmes. Elle est bâtie au milieu de belles prairies, entre deux plaines, dans l'une desquelles l'empereur Aurélien défit Tétricus qui s'était fait proclamer empereur des Gaules. C'est dans ces mêmes plaines qu'Attila et ses alliés furent vaincus par les Romains, les Francs, les Bourguignons et les Goths, réunis pour leur défense commune l'an 451. Le cours de la Marne, et six routes qui traversent la ville, rendent sa position avantageuse pour le commerce.

Cette ville est entourée de murailles et de fossés; la plupart de ses maisons sont en bois, mais comme ses principales rues sont droites, elle offre un coup d'œil assez agréable. Ses édifices et ses établissemens lui donnent de l'importance. L'hôtel de ville qui présente une jolie façade, celui de la préfecture bâti avec une élégante simplicité, la cathédrale dont les deux tours sont en pyramide à jour, le beau pont la bibliothèque publique, les sept moulins, et le bâtiment de l'Intendance, méritent une sérieuse attention. Châlons possède une école royale des arts et métiers, dans laquelle un grand nombre d'élèves est instruit aux frais du gouvernement. La promenade que l'on appelle le *Jar*, est la plus belle peut-être de toutes celles que l'on connaît en France; les allées en sont magnifiques. Cette ville a donné naissance à l'astronome Lacaille, à l'architecte Blondel, et au littérateur Perrot d'Ablancourt.

Saint-Menehould, patrie de Joyeuse, située dans un marais, entre des rochers, et traversée par la rivière d'Aisne, n'a rien de remarquable que son hôtel de ville qui est d'une construction élégante; mais c'est dans son arrondissement que se trouve le village de *Valmy*, où le roi de Prusse en 1792 fut vaincu par une armée de volontaires sous les ordres de Kellermann, à la mémoire duquel on a élevé un monument sur le champ de bataille.

Hâtons-nous d'arriver à *Reims*, simple chef-lieu de sous-préfecture, mais de toutes les villes de ce département la plus importante par sa population, son industrie, et la plus intéressante par son antiquité, ses souvenirs historiques et ses monumens. Elle est située sur la rive droite de la Vesle, dans une plaine fertile, et entourée de petites montagnes garnies d'excellens vignobles. Au temps de l'empereur Adrien, elle était célèbre par ses écoles, elle renfermait des monumens dont il reste encore des ruines : la porte de Dieu-Lumière, celle de Cérès et celle de Bacchus indiquent des temples placés hors de son enceinte; celle de Mars est un arc de triomphe attribué à Julien. Non loin de cette porte, on voit dans les champs un lieu appelé les Arènes, où l'on reconnaît la forme d'un amphithéâtre.

Reims, comme toutes les anciennes villes, était autrefois mal pavée et mal bâtie; mais elle a été successivement embellie. Aujourd'hui ses rues sont larges et alignées, ses maisons construites avec goût. Elle est entourée de remparts plantés d'arbres qui forment une promenade agréable. La place Royale est ornée d'une statue de Louis XV en bronze. Près de cette place, on voit un bel Hôtel-Dieu, et la cathédrale, édifice gothique d'une grande beauté. Son portail, quoique surchargé de figures, est remarquable par sa forme.

pyramidale, et son intérieur majestueux est orné de magnifiques vitraux. On y a conservé le tombeau de Jovinus qui, de simple citoyen de Reims, devint consul de Rome en 366. Ce monument en marbre blanc représente une chasse au lion.

C'est dans l'enceinte de cette église que se célébrait la cérémonie du sacre des rois. Celle de Saint-Remi, beaucoup plus ancienne, est célèbre par le tombeau de cet évêque, l'un des bienfaiteurs de Reims. L'hôtel de ville mérite également d'être cité comme un édifice remarquable; on a rétabli au-dessus de son portique la statue de Henri IV, et placé dans son intérieur la bibliothèque publique, qui est fort belle, et contient vingt-quatre mille volumes et mille manuscrits. L'église de Saint-Nicaise a long-temps offert à la curiosité, sous le nom de *Pilier tremblant*, un arc-boutant qui s'ébranlait lorsque l'on sonnait la plus petite des quatre cloches, et demeurait immobile quand on sonnait les autres. On voit à l'entrée de cette église un tombeau qui paraît être ancien, et dont les bas-reliefs sont précieux.

Reims, siége d'un archevêché, peuplée de plus de 31,000 âmes, a une chambre et une bourse de commerce, une chambre des manufactures, un conseil de prud'hommes, un collége royal, une académie et une salle de spectacle; elle a des manufactures et des fabriques importantes. Les eaux de puits y sont naturellement mal saines, et il en coûtait beaucoup pour en faire venir de la petite rivière de Vesle; un chanoine du nom de Gaudinot, mû par un zèle philanthropique, fit construire à ses frais une machine au moyen de laquelle l'eau de la Vesle arrive abondamment dans tous les quartiers. Cette ville est la patrie de Colbert, de l'abbé Pluche, du P. Géry et du littérateur Linguet.

Dans l'arrondissement de Reims est une petite ville du nom de *Fimes*, également située sur la Vesle, laquelle a été le berceau de la célèbre actrice Lecouvreur.

Ce département, dont la population s'élève à plus de 202,000 habitans, a pour principales rivières la Marne, l'Aube, l'Ornain et la Saulx. Il est très-fertile, et produit surtout une grande quantité de vins rouges de la première qualité. Le commerce y est très-actif en tous genres de productions.

DÉPARTEMENT DES ARDENNES.

Une région anciennement couverte de forêts, et présentant une chaîne de montagnes dont les crêtes sont décharnées, et les pentes rapides, forme en grande partie le *département* des *Ardennes*, où les villes, importantes comme places fortes ou sous le rapport de l'industrie, n'ont rien d'attrayant pour quiconque en a déjà vu du même genre. Néanmoins il faut voir les principales : commençons par *Sédan* sur la Meuse, place regardée comme une des clefs de la France. Cette ville, peuplée de 13,000 âmes, est bien bâtie, a des rues larges et alignées, des maisons d'une belle apparence, un beau pont, et un arsenal où l'on conserve les armures de plusieurs guerriers célèbres. Sédan a été cédée à la France par le duc de Bouillon en 1642. C'est dans son ancien château que naquit Turenne. Baudin et Desportes lui doivent aussi la naissance.

Mézières, chef-lieu du département, en est une des plus petites villes, et compte à peine 4,000 habitans. Elle est située près de la Meuse, partie sur une colline, partie dans un vallon, et généralement mal bâtie. C'est une place munie d'une bonne citadelle, et qui n'a jamais été prise. Charles-Quint, à la tête d'une armée nombreuse, en fit le siége en 1521, mais après une perte considérable, il fut forcé de le lever. La place était défendue par le brave chevalier Bayard.

Charleville, beaucoup plus considérable que Mézières, n'en est séparée que par un pont sur la Meuse, et une promenade. Ses rues sont tirées au cordeau, et les quatre principales aboutissent à une grande place entourée d'arcades, et décorée d'une belle fontaine en marbre. Sa salle de spectacle est très-jolie; sa bibliothèque considérable, et son cabinet d'antiquités contient plusieurs objets curieux.

Avant de quitter la France pour arroser le territoire des Pays-Bas, la Meuse, au-dessous de Charleville, traverse une langue de terre qui comprend une grande partie de la forêt des Ardennes. Près de la frontière, elle sépare *Givet-notre-Dame*, de *Givet-saint-Hilaire* et de *Charlemont*. Les deux dernières sont situées sur la rive gauche; mais ces trois villes n'en forment qu'une, au moyen des fortifications qui leur sont communes et les réunissent. *Charlemont* est sur une montagne; les deux *Givet* assises sur la pente de celle-ci et sur celle d'un plateau opposé, sont bâties avec régularité. On y voit des rues alignées, de belles maisons, des places publiques et des casernes d'un assez bel effet.

Ne quittons pas ce département, peuplé de 267,000 habitans, sans voir *Rocroy*. Cette petite ville, située dans une plaine environnée de forêts, au pied des Ardennes, et à deux lieues de la Meuse, est célèbre par la victoire que le grand Condé, à peine âgé de vingt-deux ans, y remporta sur les Espagnols en 1643.

DÉPARTEMENT DE L'AISNE.

De petites villes assez jolies, et intéressantes par quelque motif, attirent le voyageur dans le *département* de *l'Aisne*. *Vervins* est célèbre par le traité de paix conclu entre Henri IV et Philippe II, roi d'Espagne. *Saint-Quentin* est une ville ancienne et très-forte, située sur la Somme, à la tête du canal de son nom. Simple chef-lieu de sous-préfecture, elle est la plus peuplée du département, et l'on y compte plus de

15,000 âmes. Elle est très-bien bâtie ; la grande place, l'église paroissiale, l'Hôtel-Dieu, les établissemens de blanchisseries, les filatures, la salle de spectacle, la bibliothèque publique, méritent d'être vus. Cette ville essentiellement industrieuse fait un commerce immense favorisé par son canal, qui traverse sous terre une étendue de près de deux lieues et communique avec l'Escaut d'un côté, et de l'autre avec l'Oise, la Seine et la Loire. Saint-Quentin est la patrie du jésuite Charlevoix, du bénédictin d'Achery et du peintre Latour.

À l'extrémité méridionale d'une grande île baignée par la rivière d'Oise, est une petite place forte du nom de *la Fère*, qui renferme une école d'artillerie, et un arsenal de construction. En 1814, un corps de l'armée prussienne s'étant présenté devant cette place, qui n'était défendue que par quatre cents hommes, la força de capituler, et s'empara de tout ce qui était dans l'arsenal et dans la bibliothèque de l'école ; en 1815, les Prussiens, sachant que ces établissemens avaient été réparés et approvisionnés, firent une tentative pour s'emparer encore de la place. La garnison était faible, mais les troupes, les gardes nationaux, les femmes même, montrèrent tant de constance et d'opiniâtreté dans la défense, qu'après un blocus de cinq mois, les Prussiens se retirèrent. C'est près de cette ville, dans la forêt de Coucy, que se trouve le bourg de *Saint-Gobain*, renommé par la manufacture de glaces, la plus considérable de l'Europe. On y coule des glaces de dix pieds de hauteur sur cinq de largeur.

Laon, que l'on prononce *Lan*, est le chef-lieu du département, et compte à peine 7,000 âmes. C'est une ville forte et bien bâtie, située sur une montagne fort élevée, au milieu d'une vaste plaine. On l'aperçoit de tous côtés à sept ou huit lieues de distance. Elle doit son origine à une forteresse gauloise que Clovis entoura de maisons, et sous les rois de la seconde race, elle fut une résidence royale. Ses bâtimens offrent cette particularité, que toutes les pierres dont ils sont construits sont pleines de coquillages et de petites pierres lenticulaires. L'hôtel de la préfecture n'a rien de remarquable, mais l'ancienne cathédrale est un bel édifice gothique qui mérite l'admiration des connaisseurs. Laon est la patrie de l'abbé Nollet, célèbre physicien.

Soissons, siége d'un évêché, est la ville la plus intéressante. Elle est située dans un vallon agréable et fertile. Son origine est fort ancienne; poste militaire sous les Romains, elle eut ses rois particuliers avant la conquête des Gaules; elle eut encore ses rois après l'invasion des Francs. C'est dans ses environs que Clovis acheva d'anéantir la puissance romaine par la victoire qu'il remporta sur Siagrius en 486. Elle doit son enceinte actuelle au duc de Mayenne qui en avait fait une de ses principales places d'armes, durant les guerres de la Ligue. On y fit en 1815 de nouveaux travaux de défense, mais trop faibles pour résister aux efforts des armées coalisées qui la prirent, et lui firent éprouver de grands dommages.

Soissons n'est point une ville bien bâtie, mais elle est propre et agréable; ses édifices remarquables sont la cathédrale, l'ancienne abbaye de Saint-Jean-des-Vignes, et le château. Elle possède un collége, une bibliothèque publique, une salle de spectacle et de belles promenades. C'est dans ses murs qu'est né l'historien Gaillard.

Vous verrez encore avec plaisir, près de la forêt de Villers-Coterêts, la petite ville de *la Ferté-Milon*, bâtie en amphithéâtre sur un joli côteau, baignée par la rivière de l'Ourcq. Elle est entourée de murailles, et conserve les ruines d'un vieux château remarquable par sa construction. Cette jolie cité, patrie de l'immortel Racine, possède une bibliothèque publique de dix-huit mille volumes, trois belles églises, et une assez grande place, celle de l'hôtel de ville, qui doit être décorée de la statue du poète.

Descendons vers les bords de la Marne; nous arriverons à *Château-Thierry*, dont la promenade borde la rive droite de la rivière que l'on passe sur un beau pont, et qui la sépare de l'un de ses faubourgs. La ville est assez bien bâtie, et s'élève en amphithéâtre. Elle a donné naissance au célèbre fabuliste La Fontaine, dont la statue décore sa principale place.

Ce département, qui renferme 360,000 habitans, est généralement fertile. L'industrie et le commerce y sont d'une activité prodigieuse.

DÉPARTEMENT DE SEINE-ET-MARNE.

Je vois, mes enfans, que vous consultez notre itinéraire, et que vous calculez la distance d'où nous sommes maintenant à la capitale. En partant ce soir, nous pourrions y être demain matin ; mais cela dérangerait notre marche. D'ailleurs nous n'avons plus que deux départemens à parcourir avant que d'arriver à Paris, et pour soulager votre impatience, nous ne visiterons que les villes principales. Commençons par le *département* de *Seine-et-Marne*, et partons pour *Fontainebleau*.

C'est une belle cité régulièrement bâtie, au milieu d'une vaste forêt, chef-lieu d'une sous-préfecture et peuplée de 9,000 âmes. Vous y verrez un château royal magnifique, commencé par François Ier, et achevé par Henri IV, Louis XIII, Louis XIV, et Louis XV. Le style de ce vaste édifice se ressent des différentes époques où il a été construit, ce qui n'empêche pas que tout n'y respire un air de grandeur que l'on ne trouve nulle part plus éminemment sensible. Il est environné de tout ce que la nature a de plus imposant; ce ne sont que montagnes escarpées, forêts épaisses, rochers suspendus, qui forment les sites les plus agréables. C'est dans ce château, où naquit Henri III, que le pape Pie VII fut détenu pendant dix-huit mois, sous le règne de Napoléon qui se vit contraint à y signer lui-même son abdication. La forêt de cette ville, appelée avant sa construction la forêt de *Bièvre*, se compose de trente-deux mille huit cent soixante dix-sept arpens. Fontainebleau est la patrie de Dancourt, auteur et acteur dramatique.

Melun, sur la rivière de Seine qui la divise en plusieurs parties, est une ville ancienne assise au pied d'une colline, et dont les maisons sont assez régulières et les rues bien percées ; c'est le chef-lieu du département. On y voit encore les ruines d'un château que la reine Blanche et plusieurs rois de France ont habité. La population ne s'élève pas à plus de 7,500 habitans. Les amateurs d'antiquité se plaisent à y voir les traces d'un temple consacré à Isis. Melun est la patrie de Jacques Amyot, de l'abbé Mallet, et de Manuel, procureur général de la commune de Paris.

Meaux, siége d'un évêché, était une ville importante sous les rois de la première race. La Marne la divise en deux parties inégales, et le canal de l'Ourcq coule au pied de ses murs ruinés. Elle est assez bien bâtie dans une plaine fertile. Sa cathédrale, d'une belle construction, renferme les cendres de Bossuet, dont la voix éloquente a rendu célèbre la chaire de cette église. Vous trouverez dans cette ville une bibliothèque publique, une salle de spectacle et de belles promenades. Meaux est renommée pour ses fromages qui portent le nom de *Brie*, son ancienne province.

On compte dans ce département, dont la population s'élève à 304,000 habitans, une carrière de marbre, trente-deux carrières à pierres meulières et à pierres de taille; quarante-cinq carrières à plâtre, une de grès à paver, plusieurs d'argile propre à la poterie et à la faïence, et une source d'eaux minérales.

DÉPARTEMENT DE L'OISE.

Senlis, où l'on voit encore les restes de l'enceinte que les Romains y construisirent, est une des sous-préfectures du *département* de l'*Oise*. Cette ville est appuyée sur la pente d'une colline au pied de laquelle coule la Nonette. Comme toutes les cités dont l'origine est ancienne, la plupart de ses rues sont étroites et tortueuses, les maisons mal bâties; mais sa cathédrale est remarquable par la légèreté de son architecture gothique, et la hauteur de son clocher, construit en pierres et à jour. Les eaux de la Nonette passent pour avoir une qualité particulière, propre au lavage des laines; aussi y voit-on un grand nombre de lavoirs et de blanchisseries. Dans ses environs s'étendent, presque circulairement, les forêts de Hallate, d'Ermenonville, de Pontarmé et de Chantilly.

Une marche de huit lieues nous conduira à *Compiègne*, ville ancienne qui existait du temps des Gaulois, mais qui n'a acquis de l'importance que sous le règne de Charles-le-Chauve. Louis-le-Bel et Louis-le-Fainéant y ont été inhumés dans l'église de Saint-Corneille, à laquelle Pepin-le-Bref donna le premier orgue qu'on ait vu en France, et qu'il avait reçu de l'empereur Constantin Copronime. Cette ville est assise sur une colline, au-dessous du confluent de l'Aisne et de l'Oise, près d'une forêt de près de trente mille arpens, bien percée, pleine de gibier, et très-propre pour la chasse. Elle renferme plusieurs belles maisons, mais ses rues ne sont point alignées. Elle était autrefois entourée de murailles; les Anglais en firent le siége en 1430, et c'est dans une sortie hasardée par les assiégés que Jeanne d'Arc fut faite prisonnière.

Compiègne est remarquable par sa situation, un beau pont, une salle de spectacle, et plusieurs promenades fort belles. Mais ce qui lui donne le plus d'importance, c'est le magnifique château royal, dont tous les bâtimens sont parfaitement entretenus. On y distingue une galerie de la plus grande beauté qui est nouvellement construite; ses appartemens sont distribués d'une manière commode, et l'intérieur est généralement décoré à la moderne. Le cabinet, la chambre à coucher, la bibliothèque du roi sont superbes; le grand cabinet, entièrement tendu et meublé de tapisseries de la manufacture des Gobelins, orné de tableaux précieux et de candelabres très-riches, présente le coup d'œil le plus imposant; la bibliothèque exécutée en bois français imitant l'acajou et décorée de bronzes dorés, contient des livres utiles et des manuscrits précieux.

Mais ce qui est vraiment admirable, c'est la magnificence et le goût qui règnent soit dans les décors, soit dans l'ameublement de ce château. Le premier salon offre, dans les plafonds et dans les attiques, des camées gris sur gris d'un fort bel effet; le grand salon est décoré en stuc imitant l'agate, et rehaussé de quatre tableaux représentant les quatre saisons; le plafond est orné de peintures charmantes. La chambre à coucher efface toutes les autres pièces par sa magnificence : le lit offre l'aspect de deux cornes d'abondance remplies de fleurs et de fruits; le ciel est composé d'une couronne de fleurs; les étoffes du lit, en reps blanc, ornées de galons et de franges d'or, sont relevées par deux statues en bois doré. Derrière le lit se dessine une draperie romaine en soie, fond nacarat, semée de pavots d'or; les siéges sont pareils à la draperie. Cet appartement est, dit-on, le plus beau qui existe en France.

Ce château commencé par Louis XV, achevé par Louis XVI et restauré dans le goût moderne par Napoléon, est accompagné de jardins dans lesquels on a construit un berceau en treillage, couvert de toutes sortes de fleurs, lequel conduit du perron du château à la forêt, et offre aux promeneurs un abri contre l'ardeur du soleil, pendant un espace de huit cents toises de long sur quatorze de large. On y voit aussi un canal de la même longueur, sur lequel on peut aller en bateau depuis le palais jusqu'au premier rendez-vous de chasse.

Noyon n'est éloignée de Compiègne que de six lieues. Allons voir cette ville où Charlemagne a été couronné, et qui a donné naissance au réformateur Calvin. Elle est située sur le penchant d'une colline, dans un vallon riche et riant. Elle est assez bien bâtie; la cathédrale est fort belle, la promenade très-jolie; la bibliothèque et la salle de spectacle n'ont rien de remarquable.

Beauvais, chef-lieu du département, est aussi le siége d'un évêché. Cette ancienne capitale du Beauvoisis est bâtie en bois, mais assez propre; ses rues sont larges, et la principale place est fort belle. On y voit d'assez beaux édifices, parmi lesquels la cathédrale tient le premier rang; elle est célèbre par la beauté du chœur, mais elle n'a pas été achevée, et elle manque de nef. Vous verrez dans l'intérieur le tombeau du cardinal Forbin, et trois tentures de tapisserie de la manufacture de cette ville, dont une, représentant la guérison du paralytique, passe pour un ouvrage superbe. L'église de Saint-Étienne renferme un tombeau que l'on croit être un monument romain; l'hôtel de ville, édifice de construction moderne, est de bon goût.

Beauvais, assiégée par les Anglais en 1443, le fut encore en 1472 par Charles, duc de Bourgogne, à la tête de quatre-vingt mille hommes. Ce siége est fameux par la belle résistance des habitans qui, sans s'effrayer du grand nombre d'ennemis, montrèrent tant d'énergie, que les femmes mêmes briguèrent l'honneur de défendre la brêche. Conduites par Jeanne Hachette, elles combattirent avec autant d'intrépidité que les hommes; Jeanne s'empara d'un drapeau qu'un ennemi qu'elle renversa, plantait sur la muraille. Cette action héroïque est représentée dans un tableau qui décore l'hôtel de ville. Cette cité est la patrie de l'abbé Dubos, littérateur; de Lenglet-Dufresnoy, historien; du grammairien Restaut; du jurisconsulte Loisel, de l'antiquaire Vaillant, du littérateur Binet, et du savant dominicain Vincent de Beauvais.

Quelque impatiens que vous soyez, mes enfans, d'arriver à la capitale, nous ne quitterons pas ce département, où l'on compte plus de 373,000 habitans, sans voir *Chantilly;* c'est un bourg que l'on pourrait qualifier du nom de ville, et dont les maisons sont bien bâties, la grande rue fort belle et les dehors charmans. Le château, qu'habitait le prince de Condé, a été détruit en 1792, et il ne reste plus que le petit château et le bâtiment des grandes écuries, chef-d'œuvre d'architecture. Vous verrez avec plaisir le jardin et le parc qui sont magnifiques. C'est de là que nous gagnerons la capitale, dont la distance n'est que de dix lieues.

DÉPARTEMENT DE LA SEINE.

Paris, où nous arriverons dans quelques heures, est le chef-lieu du *département* de la *Seine*, la capitale du royaume, le siége du gouvernement, la demeure des rois, le centre des sciences, des arts, du commerce, de l'industrie, du luxe et du plaisir. Cette ville est une des plus grandes, des plus peuplées, des plus commerçantes, des plus industrieuses, et des plus riches du monde. Elle est admirablement située sur la Seine qui la traverse et la divise en deux parties de grandeur inégale, entre lesquelles la communication est établie par des ponts superbes.

Vous y verrez des palais magnifiques,

des églises majestueuses, de très-beaux hôtels, de belles fontaines, des bains sur la rivière, qui semblent être des palais flottans, d'autres dans la ville de la structure la plus élégante, des maisons généralement bien bâties, des places superbes, des jardins publics charmans, des promenades délicieuses, des spectacles de toute espèce et à tous prix, des cafés et des restaurans décorés avec le plus grand luxe.

Vous y trouverez aussi une infinité d'établissemens utiles : bibliothèques publiques, académies, athénées, musées, colléges, écoles gratuites pour tout genre de sciences et d'arts, conservatoire de musique, conservatoire des arts et métiers, manufactures de glaces, de tapisseries, de tapis, etc.; bourse de commerce, hôpitaux civils et militaires, enfin des halles et des marchés remarquables par leur belle construction. Les catacombes et les cimetières sont également dignes de la curiosité.

Paris est environné d'un double boulevard, dont l'un règne autour de la ville proprement dite, et l'autre autour de ses faubourgs. Les deux rives de la Seine sont bordées de quais superbes qui se prolongent d'un bout de la ville à l'autre, et qui, garnis de trottoirs, sont autant de promenades aussi agréables que commodes.

Parmi les nombreux édifices qui font l'ornement de cette vaste cité, on distingue d'abord le *château des Tuileries* qui présente deux façades, l'une sur une place immense, dite du Carrousel; l'autre sur un jardin magnifique. Les appartemens sont distribués et meublés convenablement pour être occupés par la famille royale. Vous serez à même de les voir.

Le *Louvre* est un carré parfait entouré de superbes bâtimens; il est joint au château des Tuileries par deux longues galeries, dont l'une sur la Seine est regardée comme un chef-d'œuvre, et l'autre qui sera parfaitement semblable, n'est pas encore achevée. La première sert à l'exposition des tableaux des diverses écoles, française, allemande, hollandaise, flamande et italienne. On y voit aussi rassemblées les statues des grands maîtres. On a mis à contribution tous les différens ordres d'architecture, pour la construction de ce vaste palais, et lorsqu'il sera terminé, si jamais il l'est, la France pourra se vanter de posséder un monument admirable et unique.

Le *palais du Luxembourg*, consacré aux

séances de la chambre des pairs, est un bâtiment d'un caractère mâle, de forme parallélogramme; il offre deux façades, l'une sur une rue large et belle, l'autre sur un vaste et beau jardin, qui sert de promenade publique. Dans l'intérieur est une cour carrée environnée d'arcades. Trois ordres d'architecture décorent cet édifice, dont tous les murs sont en bossage. Vous verrez dans ce palais une galerie de peinture, composée des morceaux capitaux des artistes vivans, indépendamment d'une infinité de pièces ornées de statues et de tableaux.

Le *palais Bourbon*, où la chambre des députés tient ses séances, se présente d'un côté sur une vaste place, et de l'autre sur un des plus beaux ponts de la capitale, appelé le pont de Louis XVI. L'entrée de ce palais, sur la place, consiste en une grande porte accompagnée d'une colonnade d'ordre corinthien; vis-à-vis le pont s'élève un magnifique péristyle de niveau avec la salle des séances qui reçoit le jour d'en haut. Cet édifice renferme une infinité de bustes, de statues et de tableaux, une bibliothèque à l'usage des membres de la chambre, et un jardin qui règne le long de la Seine.

L'édifice connu sous le nom de *Palais-Royal* offre des singularités remarquables, non par lui-même, mais en raison des objets qui en font partie et composent le plus magnifique bazar que l'on puisse voir. Le jardin est séparé du palais par une cour de peu d'étendue. Sa forme est un carré long, et il est environné de belles galeries sur lesquelles sont élevés des bâtimens superbes de quatre étages, et parfaitement uniformes. Sous ces galeries éclairées le jour par cent quatre-vingts arcades, et la nuit par autant de lanternes, on voit des boutiques où sont étalés les plus riches bijoux, les plus belles étoffes, les objets de mode, les productions de l'art, les comestibles les plus rares; on y trouve aussi des restaurateurs élégans et des cafés richement décorés.

La partie des galeries qui longe la cour du palais n'est élevée que d'un étage. Elle est éclairée d'en haut par un superbe vitrage, et remplie comme les autres de boutiques élégamment ornées, et occupée par des marchands de divers genres. C'est là que se promènent journellement les gens désœuvrés. Le jardin n'a de remarquable que la pièce d'eau, dont le jet s'élève et se développe en gerbe à quarante-neuf pieds de hauteur.

Le *Palais-de-Justice*, ancienne demeure des rois, est maintenant consacré aux tribunaux. Son abord s'annonce par une petite place semi-circulaire, dont il est séparé par une belle grille, qui forme ce que l'on appelle la cour du Mai, au fond de laquelle se présente un superbe escalier qui conduit à la porte principale. Les salles de ce palais sont sans ornement de luxe, ce qui est dans l'ordre, car la justice n'en a pas besoin.

Le *palais de la Bourse*, destiné aux assemblées des négocians et au tribunal de commerce, est un édifice superbe, nouvellement construit et tout-à-fait isolé. Il a quatre faces, et est orné d'une galerie couverte qui règne tout autour de l'édifice, et à laquelle on arrive par un perron de seize marches, qui occupe toute la largeur de la partie occidentale. La salle de la bourse située au rez-de-chaussée et éclairée d'en haut peut contenir deux mille personnes.

Le *palais des Beaux-Arts* était originairement un collége fondé par le cardinal de Mazarin. Cet édifice, qui a changé de nom et de destination, est situé sur la rive gauche de la Seine. La façade forme une portion de cercle, au milieu de laquelle est une église, surmontée d'un dôme dont la lanterne sert d'observatoire. Ce n'est que depuis 1806 que ces bâtimens furent destinés aux séances et à la bibliothèque de l'Institut et aux diverses collections des arts. L'église est le lieu qui forme la salle de cet Institut divisé en quatre classes, sous les dénominations d'académie des Sciences, académie Française, académie des Inscriptions, académie de Peinture et de Sculpture.

Quand vous aurez vu tous ces monumens, vous aurez encore à visiter le palais du Temple, celui de l'Elysée-Bourbon, celui de la Légion-d'Honneur; mais ces édifices n'ont rien de comparable à ceux dont je viens de vous entretenir, et il en est d'autres qui, sous le modeste nom d'*hôtels*, sont d'un plus grand intérêt, tels que l'Hôtel-de-Ville et celui des Monnaies, l'hôtel des Invalides et celui de l'École-Militaire.

L'Hôtel-de-Ville, édifice très-ancien, offre une ordonnance régulière dans les formes, mais dénuée de beauté. La façade présente au centre un corps de bâtimens flanqué de deux pavillons plus élevés, et dont les combles, suivant l'usage du temps, sont d'une grande hauteur : cet hôtel est situé sur une grande place dont il est le seul ornement. On y arrive par un perron extérieur composé de plusieurs marches, et on en monte encore un plus grand nombre lorsqu'on est sous le bâtiment, dont l'intérieur renferme plusieurs grandes salles qui ont chacune une destination particulière, les bureaux de la préfecture du département, et la bibliothèque dite *de la ville*.

L'*hôtel des Monnaies* a sa principale façade sur la rive gauche de la Seine. Sa longueur est d'environ soixante toises ; elle est percée de trois rangs de croisées, et chaque rang de vingt-sept fenêtres ou portes : le rang inférieur ou rez-de-chaussée forme sous-bassement ; au centre est un avant-corps, dont l'étage inférieur percé de cinq arcades, sert d'entrée ; la porte est richement décorée d'ornemens en partie dorés. Le plan de cet édifice se compose de huit cours entourées de bâtimens dont la destination est diverse. Ce monument a été construit par l'architecte Antoine.

L'hôtel royal des Invalides est un édifice majestueux, dont le but, le plan et l'exécution honorent à jamais le règne de Louis XIV. Une vaste esplanade plantée d'arbres, décorée de pièces de gazon, et d'un bassin avec un jet d'eau, précède, du côté de la Seine, l'entrée de l'édifice, où l'on arrive par une cour extérieure entourée de fossés revêtus en maçonnerie, et d'une grille. La façade est divisée en quatre étages, et percée de cent trente-trois fenêtres, sans compter celles des mansardes. Au centre est la porte surmontée d'une forme cintrée, où l'on voit un bas-relief représentant la statue du fondateur. Par cette porte on pénètre dans une cour dont l'architecture a le caractère noble, mâle et simple, qui convient à l'établissement.

Au centre de la façade opposée à l'entrée est le portail d'une église qui communique par une arcade à une autre église dite du dôme, construction magnifique dans laquelle les plus habiles artistes ont à l'envi déployé leurs talens. Le pavé de ce dôme, le pompeux baldaquin de l'autel, les sculptures, les peintures, tout est d'un fini précieux.

Dans l'intérieur des bâtimens, on doit

visiter la cuisine et sa fameuse marmite, les quatre réfectoires, la pharmacie, la bibliothèque, l'horloge à équation, la salle du conseil, etc; le nombre des Invalides logés dans cet hôtel est de six à sept mille.

Non loin de cet admirable édifice est l'*École-Militaire*, dont l'emplacement s'étend sur un vaste terrain entouré d'avenues. Sa principale entrée, du côté de la ville, est sur une place assez belle; sa façade opposée a pour perspective le Champ-de-Mars et le pont des Invalides. Ses bâtimens, ses cours, ses jardins sont très-beaux : le principal bâtiment est décoré d'un dôme qui offre un cadran environné à sa base d'une figure du temps et de l'astronomie; les autres constructions sont d'un goût simple, mais approprié aux divers besoins de l'établissement.

Le *Champ-de-Mars*, dont je viens de vous parler, occupe l'espace qui s'étend depuis l'École-Militaire jusqu'à la route qui borde la Seine. Son plan est un parallélogramme régulier, bordé par des fossés, et muni de guérites aux cinq entrées, et aux angles de ce parallélogramme. Chaque entrée est fermée par une grille en fer. Ce champ bordé, dans sa longueur, de huit rangs de plantations formant deux grandes allées, et quatre contre-allées, sert aux exercices de la cavalerie et de l'infanterie. Dix mille hommes peuvent y manœuvrer. On y célèbre des fêtes publiques, on y fait la course des chevaux, et l'on y enlève des ballons.

Dans presque toutes les villes de France, les monumens consacrés au culte méritent une attention particulière. Ceux de la capitale ne sont pas moins intéressans. Tous ne sont pas, il est vrai, d'une égale magnificence, mais il en est de superbes, et dignes d'admiration, chacun dans leur genre; je veux vous en donner une idée, en commençant par la cathédrale, dite *Notre-Dame*.

Cette église très-ancienne est un édifice gothique, en forme de croix latine; ses voûtes sont supportées par cent vingt piliers et cent huit colonnes, chacune d'un seul bloc; la nef est accompagnée d'un double rang de bas-côtés, et entourée de trente-deux chapelles. La façade, quoique noircie et détériorée dans quelques parties, est vaste et imposante. Elle présente trois portiques dont celui du milieu est moderne. En entrant dans ce majestueux édifice, où règne une vive clarté, on porte ses regards vers le sanctuaire et le chœur, brillans de dorures, de marbres précieux, et de chefs-d'œuvre de la statuaire et de la peinture. Le maître-autel, le lutrin, les deux jubés, les deux rangs de stalles, les deux balustrades qui séparent le sanctuaire du chœur, sont autant d'objets remarquables ; le fond du sanctuaire est occupé par un groupe de marbre blanc qui présente une grande croix sur laquelle est jetée une draperie. Ce groupe, au bas duquel on voit la sainte vierge Marie assise, tenant sur ses genoux le corps mort de Jésus, est communément appelé le vœu de Louis XIII. Cette église renferme une infinité de monumens, de statues et de tableaux qui ajoutent à son mérite particulier.

L'église de *Saint-Eustache* offre à la fois un modèle de hardiesse et de légèreté, et le bizarre assemblage de deux genres d'architecture, l'un sarrasin, l'autre grec. On est surpris de la hardiesse de ses voûtes, mais on admire l'œuvre, qui jouit d'une grande réputation comme ouvrage d'art, en menuiserie et en sculpture. Un portail de construction moderne orne le frontispice de ce vaste édifice.

L'église *Saint-Roch* présente un portail élevé au-dessus d'un grand nombre de marches, et composé de deux ordres d'architecture, le dorique et le corinthien, placés l'un au-dessus de l'autre. L'intérieur se divise en cinq parties distinctes : la nef, le chœur, la chapelle de la Vierge, celle de la communion et celle du calvaire. La nef et le chœur n'ont rien de remarquable; la chapelle de la Vierge, située derrière le chœur, est de forme circulaire couronnée par une coupole qui représente l'assomption de la vierge : l'autel de cette chapelle offre la scène de l'annonciation. La chapelle de la communion qui vient ensuite est moins grande que la précédente ; le triomphe de la religion est peint sur la coupole. Sur l'autel est un groupe représentant deux anges de très-forte stature, s'inclinant pour adorer le tabernacle.

A l'extrémité de l'édifice est la chapelle du calvaire, où l'on remarque une vaste niche éclairée par une ouverture qu'on ne voit point, par un jour que les architectes appellent *jour céleste*. Cette niche présente la cîme du calvaire, l'image de Jésus crucifié, et la Madelaine pleurant au pied de la croix ; des soldats couchés, des troncs d'arbres, des plantes, parmi lesquelles rampe le serpent. On y voit aussi de vastes rochers, et l'ouverture d'une grotte devant laquelle sont deux groupes de figures plus grandes que nature, représentant Jésus mis au tombeau. La chaire à prêcher est remarquable par sa construction. Cet édifice est comme les autres églises entouré de chapelles, la plupart ornées de tableaux et de monumens funèbres.

L'église *Saint-Sulpice*, située sur une place assez vaste, est grande, et d'un caractère noble. On y monte par un perron de vingt-deux marches placé sous le péristyle. Le portail est magnifique, et l'intérieur admirable; la chapelle de la Vierge est un objet de curiosité, et un tour de force architectural; la coupole peinte à fresque représente l'assomption de la Vierge. Au fond de la chapelle est une vaste niche dans laquelle on voit un groupe éclairé par ce que l'on appelle un *jour céleste*. Les bénitiers de cette église, la chaire à prêcher, le buffet d'orgue, les fonts baptismaux, l'autel principal à l'entrée du chœur, sont autant d'objets dignes de remarque; mais ce qui ne l'est pas moins, et qu'il ne faut pas oublier de voir, c'est la *ligne méridienne* établie au milieu de la croisée. Cette ligne est tracée sur le pavé avec les signes du zodiaque au vrai nord et sud, dans la longueur de cent soixante-seize pieds; à son extrémité septentrionale, cette ligne se prolonge verticalement sur un obélisque de marbre blanc de vingt-cinq pieds de hauteur. La fenêtre méridionale de la croisée est entièrement close, à l'exception d'une ouverture d'un pouce de diamètre pratiquée sur une plaque de laiton. Par cette ouverture placée à la hauteur de soixante-quinze pieds au-dessus du pavé, passe un rayon de soleil qui vient frapper la ligne tracée, et y forme une image ovale d'environ dix pouces et demi de long. Au solstice d'hiver, cette image se porte sur la ligne verticale de l'obélisque, parcourant deux lignes par seconde. L'établissement de cette ligne méridienne a pour objet de fixer d'une manière certaine l'équinoxe du printemps et le dimanche de Pâques.

La plus belle église de Paris est sans contredit celle de *Sainte-Geneviève*, dont on a changé la destination, et que l'on appelle aujourd'hui *le Panthéon*. Le plan de cet édifice est une croix grecque, formant quatre nefs qui se réunissent à un centre où est placé le dôme; la façade principale se composé d'un perron élevé sur onze marches, et d'un porche en péristyle imité du panthéon de Rome. Elle présente six colonnes de face, et en a vingt-deux dans son ensemble. L'intérieur offre quatre nefs qui aboutissent au dôme; elles sont pareilles quant à la décoration, mais ne le sont pas quant à leur dimension, différence qui paraît avoir été nécessitée par les convenances du culte.

Le dôme intérieur laisse entre les quatre nefs un espace carré, dont les angles sont occupés par quatre piliers triangulaires, décorés par des colonnes correspondantes à celles des nefs. Le dôme extérieur, environné de trente-deux colonnes, offre l'aspect d'un temple circulaire, au-dessus duquel s'élève une coupole élégante. Le pavé de l'édifice, et particulièrement la partie centrale, sont dignes de fixer les regards par la beauté du dessin exécuté en marbre de différentes couleurs.

Des constructions souterraines occupent toute l'étendue de l'église; la coupe des pierres, le caractère mâle, et l'harmonie des parties de cette construction, excitent l'admiration des connaisseurs.

Paris possède beaucoup d'autres églises assez belles. Nous aurons occasion de les visiter dans nos excursions journalières; mais je vous préviens qu'elles ne peuvent pas entrer en comparaison avec celles dont je viens de vous entretenir. Voyons maintenant les cimetières; ils sont vraiment dignes de curiosité. Le grand nombre de monumens qu'ils renferment, et le luxe qu'on y remarque, y attirent les étrangers; les nationaux même y font de fréquentes visites, et y trouvent toujours quelque objet nouveau. Commençons par le *cimetière de l'Est*, de Mont-Louis, ou du père Lachaise; il est également connu sous ces trois dénominations. C'est le plus important et le plus fréquenté. Son site, hors de l'enceinte de la ville, est heureux et varié. Une partie en plaine occupe la hauteur du plateau; l'autre en pente descend jusqu'au bas du côteau, et forme plusieurs inégalités pittoresques; la vue dont on y jouit s'étend sur Paris et sur ses campagnes environnantes. Ces divers avantages ont fait sa fortuue, et les affections respectables des parens pour la mémoire de leurs morts l'ont transformé en un véritable Elysée.

Le cimetière du *Midi*, pareillement hors de l'enceinte de la capitale, renferme aussi de beaux monumens, mais plus simples et en moins grand nombre. Ce n'est pas l'asile des morts opulens, et on n'y a pas attaché cette sorte de distinction vaniteuse qui fait préférer le cimetière de l'*Est*, où beaucoup de gens croient être en meilleure compagnie que dans tout autre, bien qu'il s'y trouve des individus de toutes conditions, et même des plus basses aussi bien qu'ailleurs.

Le cimetière *Montmartre*, également hors de la ville, est d'une assez grande étendue ; l'inégalité de son sol produit des points de vue pittoresques. Vous y verrez plusieurs tombeaux plus ou moins simples, ornés d'arbustes et de fleurs. Là, comme dans les deux précédens, la plupart des monumens funèbres sont chargés d'inscriptions niaises, orgueilleuses, ou attendrissantes.

Un monument funèbre d'un genre différent est placé au sud de Paris, sous un lieu appelé la *Tombe-d'Issoire*. Rien au-dehors n'annonce cet asile de la mort, qui s'étend dans de vastes et profondes carrières. Son emplacement et sa destination lui ont fait donner le nom de *Catacombes*, par analogie avec celles des villes de Rome et de Naples. C'est dans ces cavernes souterraines que sont réunis et conservés tous les ossemens recueillis dans les cimetières et dans les églises supprimées de Paris, où ils reposaient depuis plusieurs siècles.

Dans cette enceinte mortuaire est un cabinet particulier, qui contient une *collection minéralogique* offrant une série complète de tous les échantillons des bancs de terre, de sable et de pierres, qui constituent le sol des catacombes. Un autre cabinet renferme une *collection pathologique*, où sont classées méthodiquement toutes espèces d'ossemens déformés par quelque maladie. Tous ces objets sont tristes, mes enfans, il faut cependant les voir, car ils sont intéressans sous les rapports moraux et religieux. Mais je vous dispenserai de la visite des hôpitaux, vous en avez vu d'assez importans à Lyon et ailleurs.

Si la jeunesse n'acquiert pas de l'instruction à Paris, ce n'est pas faute d'établissemens propres à l'éducation, car il y en a de toute espèce, et pour toutes les classes de citoyens. Les riches et les pauvres peuvent faire instruire leurs enfans. Rien n'empêche les derniers de profiter de l'avantage des écoles gratuites qui sont en grand nombre, et où l'on enseigne à lire, à écrire et le calcul, ainsi que les devoirs de la religion; ils peuvent ensuite, suivant leur goût, suivre les écoles également gratuites de dessin, de peinture, et d'autres arts. Quant à ceux qui, par leur fortune, peuvent prétendre à de hauts emplois, ou à des professions plus ou moins distinguées, tous les moyens d'instruction sont à leur disposition.

On compte à Paris six colléges royaux, où l'on enseigne le grec, le latin, les belles lettres, les langues allemande, anglaise et italienne, les mathématiques, la physique, la géographie, le dessin et le calcul décimal. Si tous les jeunes gens qui fréquentent ces colléges y apprenaient toutes ces sciences, la France regorgerait de savans; mais il n'en est rien, la plupart en sortent presque aussi ignorans qu'ils y étaient entrés; ils ont seulement été dégrossis. Ceux, en petit nombre, qui avaient des dispositions à l'étude, ont seuls profité des leçons. Je me félicite, mes amis, de pouvoir vous compter parmi les derniers.

Après les colléges viennent les écoles de droit, de médecine, de chirurgie, de chimie et de pharmacie; l'école Polytechnique, l'institution des jeunes aveugles, celle des sourds-muets, l'école gratuite de dessin, celles des mines, des beaux-arts, des ponts-et-chaussées, l'école royale de musique, les écoles primaires, normales et d'enseignement mutuel.

Le collége Royal est un établissement particulier où l'on compte vingt-un cours et vingt-un professeurs. Ces cours embrassent toutes les sciences et toutes les langues; mais les vraies sources de l'instruction sont les bibliothèques publiques. Celles de la capitale se composent des plus rares et des meilleures productions de l'esprit humain. La *bibliothèque Royale* renferme plus de huit cent mille volumes imprimés, quatre-vingt mille manuscrits, cinq mille volumes de gravures, et la collection la plus rare et la plus riche d'antiques et de médailles.

La *bibliothèque Mazarine*, placée dans le palais des Beaux-Arts, se compose d'environ deux cent mille volumes imprimés, y compris ceux de la bibliothèque de l'Institut que l'on y a réunis, et quatre cent trente-sept manuscrits. Viennent ensuite celles de *Sainte-Geneviève*, de l'*Arsenal*, de l'*Hôtel-de-Ville*, des *Invalides*, du *Jardin des*

Plantes, et plusieurs autres consacrées, chacune, à une science particulière.

Quelques-unes des villes que nous avons visitées vous ont offert des salles de spectacle superbes, peut-être même aussi belles que celles de Paris, mais c'est ici que sont réunis les plus habiles acteurs ; et que la représentation des pièces intéresse davantage. D'ailleurs le nombre des théâtres est grand. Chacun d'eux a un genre particulier, et plus ou moins d'importance.

L'académie royale de Musique ou l'Opéra, est le spectacle le plus brillant de la capitale. C'est là que les chefs-d'œuvre lyriques, et des musiciens, sont représentés avec un art, et montés avec une magnificence que l'on n'a point atteint ailleurs. Le *Théâtre-Français* est destiné à représenter la tragédie et la bonne comédie. Le théâtre de *l'Odéon* n'a point de genre bien prononcé. On y joue des tragédies, et des comédies anciennes et nouvelles, des opéras-comiques, et toutes pièces, même de circonstance, qui sont susceptibles d'amuser le public.

Le théâtre de l'*Opéra-Comique* est un diminutif de l'académie royale de musique. On ne trouve pas, dans ce temple des muses légères, la pompe du grand opéra, mais des tableaux plus vrais de la nature et de la société ; les pièces que l'on y joue sont des ouvrages légers, qui plaisent généralement. Le théâtre *Italien* ou *Opéra Buffa* est consacré aux compositions des plus habiles musiciens d'Italie : les acteurs sont assez généralement italiens.

Le théâtre du *Vaudeville* et le *Gymnase* ont un genre particulier. Ce sont de petites pièces, mêlées d'ariettes sur des airs connus. On y saisit l'à-propos et le ridicule que les circonstances ou la mode amènent. Celui des *Variétés* ne représente que des pièces de genre grivois, et trop souvent triviales.

Tels sont les principaux théâtres : les autres ne sont que des théâtres inférieurs, où l'on joue une infinité de mélodrames et de pièces dont l'existence n'est qu'éphémère, et qui n'ont pas d'autre mérite que la nouveauté. La plupart sont établis sur les boulevards du nord, et principalement fréquentés par les habitans du Marais et des faubourgs environnans. J'en excepte le *Cirque-Olympique* qui est d'un genre tout particulier, et où les chevaux et autres animaux jouent les principaux rôles ; leur intelligence et leur adresse sont vraiment admirables.

En parcourant Paris vous verrez nécessairement les places publiques; mais il en est qui méritent qu'on s'y arrête, et demandent une attention proportionnée à l'intérêt qu'elles présentent. Telles sont la *place Vendôme*, au milieu de laquelle s'élève une colonne triomphale qui surpasse en hauteur les superbes édifices dont elle est environnée, et dans laquelle est pratiqué un escalier par lequel on monte à une galerie placée au-dessus du chapiteau de la colonne, où se trouve une sorte de dôme sur la calotte duquel est placée la statue de Napoléon ; la *place des Victoires* au milieu de laquelle est la statue équestre de Louis XIV, en bronze ; la *place Royale* ornée de la statue en bronze de Louis XIII ; la *place Dauphine* n'a rien d'intéressant en elle-même, mais elle renferme une fontaine monumentale élevée à la mémoire du général Desaix, dont le buste paraît couronné par la France militaire : c'est en face de cette place qu'est placée la statue d'Henri IV, sur le terre-plein du pont le plus fréquenté de Paris, et désigné sous le nom de *Pont-Neuf*.

La *place Louis XV* est la plus belle de toutes celles qui contribuent à l'embellissement de la capitale. Elle est située entre deux superbes promenades, le jardin des Tuileries et les Champs-Elysées, et a pour bornes, au nord, deux magnifiques bâtimens semblables entre eux, séparés par une rue large; et au sud, le cours de la Seine et le beau pont de Louis XVI.

La *place du Carrousel* située entre le château des Tuileries et le Louvre est d'une vaste étendue et de la plus grande régularité. Elle communique par une rue très-large avec la place du vieux Louvre, de façon que du château royal on voit la façade de cet ancien palais. Sur la place du Carrousel, à la principale entrée de la cour des Tuileries, qui n'en est séparée que par une belle grille, est un arc de triomphe élevé à la gloire des armées Françaises. Il est enrichi de sculptures, et la forme en est élégante.

On compte à Paris vingt-un ponts, dont la majeure partie est en pierre et sont très-beaux et très-solides; plusieurs sont d'une construction élégante. D'autres sont remarquables par leur légèreté : les arches en sont formées par des arcs en fer, et n'en sont pas moins solides, puisque les voitures y passent en toute sûreté. Tous ces ponts facilitent la communication entre les divers quartiers de la ville, mais plusieurs sont si rapprochés que la rivière en est couverte, ce qui produit un très-mauvais effet. Les plus remarquables sont le Pont-Neuf, le pont de Louis XVI, celui d'Austerlitz, et celui des Arts qui n'est qu'à l'usage des piétons.

On voit dans cette capitale un grand nombre de fontaines dont plusieurs sont de véritables monumens qui la décorent, et parmi lesquelles on distingue celles du marché des Innocens, du marché Saint-Germain, du Palmier, de Grenelle, de l'école de médecine, de l'esplanade du boulevard Bondi, etc. Les bains sont également nombreux, et vous en verrez d'une élégance remarquable, tels que les bains sur la rivière, et ceux établis dans divers quartiers et connus sous les noms de bains Chinois, bains Turcs, bains Saint-Sauveur, bains de Tivoli. On peut aussi prendre des bains d'eaux minérales, pour lesquelles il y a divers établissemens.

Paris renferme des fabriques et des manufactures de toute espèce. Il faudrait trop de temps pour les visiter en totalité, mais il en est que nous ne pouvons pas nous priver de voir, tant elles sont importantes : c'est d'abord la manufacture de tapisseries des Gobelins, où l'on imite le pinceau avec des fils de laine; ensuite celle des tapis façon de Perse, dont les productions semblent avoir acquis le plus haut degré de perfection ; puis la manufacture des glaces, où l'on en voit d'une grandeur étonnante : ce sont les mêmes que vous avez vues à Saint-Gobain, où elles sont coulées ; elles sont envoyées brutes à la maison de Paris, où on ne fait que les polir.

Les promenades de cette ville sont autant d'objets de curiosité, tant par elles-mêmes qu'en raison des accessoires. On compte dans l'intérieur trois jardins superbes, celui des Tuileries, celui du Luxembourg et celui des Plantes, plus communément appelé le jardin du roi; les Champs-Elysées, le cours la Reine et les boulevards sont aussi des promenoirs fort agréables. En dehors des faubourgs sont d'autres boulevards que l'on nomme extérieurs, ou *extrà muros*, parce qu'en effet ils sont séparés des habitations par des murs décorés, de distance en distance, de barrières qui offrent chacune

une entrée dans la ville. On en compte cinquante-six, parmi lesquelles il en est qui sont dignes de l'attention des curieux, telles que celles de Passy, de Monceaux, de Saint-Martin, de Vincennes ou du Trône, de Fontainebleau, et celle de l'Étoile au-delà de laquelle, sur une place circulaire du même nom, s'élève un nouvel arc de triomphe d'une dimension colossale, mais qui n'est pas encore achevé.

Les boulevards extérieurs sont, comme ceux *intrà muros*, divisés par la Seine en boulevards du nord et boulevards du midi, et également plantés de beaux arbres ; leur situation en pleine campagne les rend infiniment agréables, mais l'éloignement du centre de la ville permet à peu de personnes d'aller s'y promener, et sans les guinguettes qui les avoisinent, ils seraient absolument déserts.

Indépendamment des promenades du genre de celles que je viens de vous citer, et auxquelles on peut ajouter les trottoirs qui règnent des deux côtés de la Seine, il est des jardins supérieurement décorés où l'on paie son entrée et où l'on trouve toute espèce de divertissemens : promenades, restaurans, cafés, concerts, danses, courses en char sur des montagnes, feux d'artifices, illuminations, etc.

Les places et les rues de Paris, éclairées la nuit par un grand nombre de reverbères, ne sont pas toutes de la même étendue, ni également régulières. Une capitale aussi vaste, où l'on compte environ 800,000 habitans, n'a été bâtie que progressivement. Ainsi il y a des rues et des places magnifiques, des quartiers superbes, mais il en est aussi qui se ressentent de leur origine ancienne, et sont étroites, obscures et tortueuses, sans la moindre régularité, inconvénient auquel on remédie à mesure que les bâtimens se démolissent.

Vous voyez, mes enfans, que Paris nous retiendra long-temps. Vous aurez à visiter les établissemens utiles, ceux d'instruction, et ceux d'agrément ; et sans négliger l'étude qui est la chose essentielle, nous trouverons le temps de voir tout ce qui est agréable dans la ville, et au dehors. Nous parcourrons successivement les environs qui sont charmans ; je ne vous ferai pas le détail des nombreux villages dont ils sont composés, mais vous pouvez être assurés que de quelque côté que vous sortiez de la ville, vous rencontrerez, pour ainsi dire à chaque pas, une jolie habitation, de beaux jardins de plaisance, des pépinières garnies des plus belles fleurs.

Chaque village a un patron ou une patronne dont il célèbre la fête. Il y a des danses, des jeux, une espèce de foire. Le jour de la fête est annoncé dans les journaux et par des affiches, et c'est toujours un dimanche. Beaucoup d'habitans de Paris s'y rendent, et trouvent dans ces fêtes champêtres un amusement plus réel que dans les villes.

Tout près des barrières sont aussi de jolis villages, où le bon peuple va se divertir et se délasser des travaux de la semaine. On y trouve des restaurateurs à tous prix, des jardins plus ou moins élégans où l'on danse, des jeux de bagues, des balançoires, et dans quelques-uns de petits théâtres.

Le département de la Seine ne se borne point à Paris seul; il comprend encore deux sous-préfectures dont l'une a pour chef-lieu Saint-Denis, petite ville d'environ 5,000 âmes, et l'autre un bourg nommé Sceaux; nous verrons d'abord la première.

Saint-Denis, située à deux lieues au nord de la capitale, dans une vaste plaine, est célèbre par son antique abbaye, superbe monument d'architecture gothique, et lieu de sépulture des rois de France. On admire la disposition de son sanctuaire, la richesse de son autel principal, le goût qui a présidé à cet édifice sacré, et les beaux tableaux dont il est orné. Les anciens bâtimens claustraux de cette abbaye sont occupés par une maison d'éducation, où l'on élève cinq cents demoiselles, filles des membres de la légion-d'honneur.

Le *bourg de Sceaux*, également situé à deux lieues, mais au sud de Paris, est joli et considérable. On y voyait autrefois un château magnifique, un parc superbe, de beaux jardins ; le vandalisme de la révolution de 1789 a détruit château, parc et jardins. Il reste cependant de ceux-ci une portion très-minime, dont l'acquéreur a fait une promenade publique. On y donne des bals tous les dimanches dans la belle saison ; et à certains jours de l'année indiqués par des affiches et les journaux, on y donne des fêtes foraines dans lesquelles sont réunis des jeux de toute espèce, de brillantes illuminations et des feux d'artifice.

Dans l'arrondissement de Sceaux, on va voir le village de *Vincennes*, remarquable par son château auquel se rattachent des souvenirs historiques. Son enceinte très-vaste est entourée de larges fossés, et flanquée de plusieurs tours carrées dont la plus élevée, nommée le Donjon, sert de prison d'état. L'origine de ce château date de Louis-le-Jeune; plusieurs rois y ont séjourné, d'autres y sont nés, et Charles IX y mourut. Le bois de Vincennes est une des promenades favorites des habitans de Paris, et la fête patronale de ce village, qui dure trois jours, y attire une foule de personnes des environs. Paris est la patrie de Molière, de Catinat, de d'Alembert, de Rollin, de Voltaire, de Sédaine, de J.-B. Rousseau, de Beaumarchais, d'Helvétius, de Lavoisier, et d'une infinité d'autres hommes célèbres. Le département de la Seine se compose d'environ 900,000 habitans.

DÉPARTEMENT DE SEINE-ET-OISE.

De quelque côté que l'on sorte du département de la Seine, on entre dans celui de *Seine-et-Oise*, qui l'entoure dans toute son étendue. Ainsi sans quitter précisément Paris, nous pourrons visiter alternativement les lieux intéressans de ce dernier département. *Versailles*, ancienne demeure des rois, en est le chef-lieu. Cette ville est grande et belle, et pour en avoir une connaissance parfaite, il faut se munir d'un petit ouvrage qui, sous le titre de *Cicerone*, indique avec détail et précision toutes les beautés du château et de ses dépendances, y compris le parc qui est orné de statues, de cascades, de pièces d'eau superbes. La ville est composée de maisons généralement bien bâties, de rues larges et régulières, de belles places, de boulevards et d'avenues plantées de beaux arbres. Elle est le siége d'un évêché, d'une cour royale, et possède tous les établissemens des chefs-lieux les mieux partagés. C'est dans les murs de cette cité que sont nés Louis XV, Louis XVI, Louis XVII, Louis XVIII et Charles X ; le poète dramatique Ducis, le général Hoche, et le maréchal Berthier y ont aussi reçu la naissance.

Dans la vaste enceinte du parc sont situés deux palais enchanteurs, connus sous les noms de grand et de petit Trianon. La construction des bâtimens est d'une élégance admirable ; les jardins sont magnifiques, l'art y est partout caché sous le voile de la nature. Les environs de Versailles offrent des promenades charmantes, des sites délicieux, des villages qui doivent leur importance à des établissemens utiles.

Les routes de Paris à Versailles offrent à la curiosité, l'une un très-beau pont sur la Seine à l'entrée de Sèvres, bourg où se trouve la plus belle manufacture de porcelaine de l'Europe ; l'autre offre le village de *Meudon*, où l'on voit un château royal dont la terrasse, pratiquée sur le flanc d'un rocher, a pour perspective la capitale et une partie du cours de la Seine.

Sèvres est contigu au parc de Saint-Cloud et y a une entrée par une belle grille. En traversant le parc dans toute sa longueur, on arrive à *Saint-Cloud*, village qui n'a rien de remarquable en lui-même. Mais ce qui y intéresse, c'est le parc qui est superbe; c'est un château royal meublé avec luxe, et dans une des plus belles situations des environs de Paris ; ce sont les eaux, les cascades, les jardins, et l'obélisque, que couronne une copie en terre cuite du monument grec appelé la *lanterne de Démosthène*.

A quatre lieues de Paris, *Saint-Germain-en-Laie*, située sur une hauteur près de la Seine, est une petite ville, remarquable par la forêt qui l'avoisine, une terrasse d'où la vue s'étend fort loin, et un château où naquirent Marguerite de France, fille de François Ier; Henri II, Charles IX et Louis XIV.

Rambouillet est une des villes les plus intéressantes de ce département. Elle tient à une forêt de trente mille arpens, et possède un château royal magnifique, un vaste et beau parc entouré de murs, embelli de pièces d'eau, et percé d'allées régulières et à l'anglaise. C'est dans une des tourelles du château que mourut François Ier. On voit dans le parc une laiterie dont l'intérieur revêtu de marbre, arrosé par des jets d'eau, est orné d'un rocher représentant une grotte au milieu de laquelle se baigne une nymphe. L'eau qui jaillit de tous côtés répand, dans cette magnifique laiterie, la plus agréable fraîcheur.

Le département de Seine-et-Oise comprend encore, outre quelques villes inférieures, une infinité de bourgs et de villages, moins éloignés de Paris que de Versailles, leur chef-lieu. Là se trouvent les plus beaux châteaux, les plus beaux parcs, les jardins les plus curieux, les plus jolies maisons de plaisance; nous ne quitterons pas la capitale sans en avoir exploré les environs, et sans que vous ayez vu tout ce que le département de la Seine et celui de Seine-et-Oise renferment d'intéressant. Prenez note de la population du dernier, qui est de 425,000 habitans.

DÉPARTEMENT DE L'EURE.

Je vois, mes enfans, que le séjour de la capitale vous plaît beaucoup, et que vous ne seriez pas fâchés de le prolonger; mais la mauvaise saison qui s'approche ne nous permet pas de différer plus long-temps notre départ. Faites vos préparatifs, afin que nous puissions nous mettre en route dans quelques jours. Nous nous arrêterons à *Vernon*, ville du *département* de l'*Eure*. Elle est située sur la rive gauche de la Seine, et séparée de ses faubourgs par cette rivière que l'on passe sur un pont de vingt-deux arches. Vous y verrez une tour où l'on conserve les archives publiques; cette tour est tout ce qui reste de ses anciennes fortifications. Vernon possédait un château qui a été démoli, et il n'en reste plus qu'une maison de campagne; mais le parc clos de murs, les jardins et les belles cascades ont été soigneusement conservés.

Évreux, chef-lieu du département, et siége d'un évêché, est une ville ancienne bâtie en bois, dans une jolie vallée; la cathédrale, l'église de Saint-Taurin, le palais de la préfecture, le parc, les jardins, les promenades, et dans les environs, le superbe château de Navarre sont autant d'objets qui méritent d'être visités. Les autres villes de ce département, dont la population s'élève à 416,000 habitans, sont importantes comme manufacturières et commerçantes, mais ne renferment rien de ce qui nous engagerait à les visiter.

DÉPARTEMENT DE L'ORNE.

Des fabriques de toiles diverses, d'épingles, d'aiguilles, de quincailleries, de basins, de mousselines, de serges, d'étamines, des filatures de coton, tels sont les objets que l'on rencontre le plus communément dans les villes du *département* de *l'Orne*. Il nous suffira de voir *Alençon* qui en est le chef-lieu, pour avoir une idée de ces fabriques; quant à la ville, elle est grande et belle, peuplée de 16,000 âmes, et située dans une plaine vaste et fertile qui la rend infiniment agréable. Son intérieur offre quelques édifices dignes de remarque, tels que l'église, d'architecture gothique, l'hôtel de ville, le palais de justice, et l'hôtel de la préfecture. La plupart de ses rues sont larges, propres et bien pavées; néanmoins elle est d'un aspect un peu triste, inconvénient qui résulte de la couleur grisâtre du granit dont ses maisons sont construites. C'est dans ses murs que sont nés l'historien Mézeray, et le député Valazé. Le département est peuplé de plus de 423,000 habitans.

DÉPARTEMENT DE LA MANCHE.

Nous ne tarderons pas à arriver dans le *département* de *la Manche*, qui tient son nom du canal le long duquel il est situé, et comprend une grande étendue de côtes, mais peu de villes importantes. Nous pourrions donc nous dispenser de voir *Avranches*, située sur une montagne à une demi-lieue de la mer; mais je suis curieux de visiter l'abbaye du mont Saint-Michel qui se trouve aux environs, dans ce que l'on appelle la *Baie de Cancale*. Ce mont, presque inaccessible d'un côté, commence au pied du rocher, et s'élève en spirale jusqu'à l'abbaye ; cette abbaye a d'immenses souterrains creusés dans le roc, lesquels servaient autrefois de prisons d'état. Ce n'est plus aujourd'hui qu'une prison ordinaire. Ce rocher appartient alternativement au continent et à la mer.

Cherbourg, simple chef-lieu de sous-préfecture, est la ville la plus importante du département. Elle est aussi la plus peuplée, et renferme plus de 15,000 âmes : Il faut y arriver par mer, afin de jouir de la perspective que présente son superbe port : huit redoutes en défendent l'entrée, tandis que trois forts et une batterie sont disposés de manière à défendre celle de la rade. Ce port donne à Cherbourg une grande importance comme place de guerre et comme ville de commerce. La ville est bâtie sans régularité ; la place d'armes, l'hôpital de la marine, la salle de spectacle, et les promenades, diverses fabriques et une manufacture de glaces sont autant d'objets intéressans.

Si *Saint-Lô* n'était pas le chef-lieu du département, on pourrait négliger de s'y rendre, car cette ville, comme toutes les anciennes cités, n'a que des rues étroites et tortueuses, des maisons mal bâties, et des places irrégulières; les seuls édifices qu'on y remarque sont l'ancienne cathédrale, qui est d'une légèreté admirable, et l'église Sainte-Croix regardée comme le mieux conservé de tous les monumens d'architecture saxonne.

Ce département, baigné par la Manche, est généralement fertile; la population s'élève à 595,000 habitans, dont l'industrie embrasse la quincaillerie, la coutellerie, la papeterie, la porcelaine. Le sol garni de prairies fournit d'excellens chevaux, beaucoup de beurre, et une grande quantité de bœufs et de moutons très-estimés. C'est un pays où le cidre est la boisson principale; il y est excellent.

DÉPARTEMENT DU CALVADOS.

Caen, ancienne capitale de la basse Normandie, est le chef-lieu du *département* du *Calvados*, qui doit son nom à une chaîne de rochers qui occupe de l'est à l'ouest une étendue de six lieues en longueur; c'est une des plus belles villes de France. Sa situation, au confluent de l'Orne et de l'Odon, les immenses prairies qui l'entourent, en rendent le séjour agréable. Ses maisons sont généralement bien bâties, ses rues larges et bien percées, ses places régulières, ses promenades fort belles; l'hôtel de ville, édifice d'une élégante simplicité, occupe l'extrémité de la place Royale, et en forme l'ornement. Les églises n'ont rien de remarquable, si l'on excepte l'abbaye aux hommes où l'on voit le tombeau de Guillaume-le-Conquérant qui la fonda, et celui de la reine Mathilde. La ville était autrefois entourée de murailles flanquées de tours; l'ancien château qui en faisait partie a été conservé et mérite d'être vu.

Cette cité est le siége d'une cour royale, d'une université, et compte plus de 36,000 âmes. Elle est surtout importante par son jardin de botanique, son cabinet d'histoire naturelle, sa bibliothèque qui renferme quarante mille volumes. On y voit des manufactures et des fabriques de toute espèce. Les deux rivières qui s'y réunissent fournissent de l'eau dans presque tous les quartiers, et le flux et le reflux de la mer, qui se font sentir le long de l'Orne, et même jusqu'à la ville, donnent la facilité d'y faire remonter les vaisseaux de deux cents tonneaux, avantage immense pour son commerce. Caen est la patrie de Malherbe, de Ségrais, de Malfilâtre, et de Huet, évêque d'Avranches. On ne quitte point cette ville sans emporter le souvenir de la beauté du vallon où elle est située, de l'activité de son petit port, et de la charmante promenade, appelée le cours, tracée au milieu d'une vaste prairie qui borde la rivière.

En passant à *Bayeux*, ville mal bâtie, traversée par une rue grande et belle, et composée, du reste, de rues étroites et irrégulières, vous verrez la cathédrale d'un beau style gothique, décorée d'un portail magnifique, surmonté de trois clochers d'une hardiesse surprenante. Dans l'intérieur on voit la tapisserie de la reine Mathilde représentant les exploits de Guillaume-le-Conquérant. Cette ville est la patrie d'Alain Chartier, d'Olivier Basselin, qui a inventé le vaudeville, et de l'architecte Mansart.

Lisieux, ville ancienne, mais jolie, n'offre à la curiosité que sa cathédrale, et le palais épiscopal, à cause de son escalier et de ses jardins. Dans l'arrondissement de *Pont-l'Évêque*, petite ville mal bâtie, mais manufacturière, se trouve *Honfleur*, ville de 10,000 âmes, avec un petit port sur la Manche. Elle est irrégulière et sale; l'église la plus fréquentée est construite en bois; mais le port, que deux phares font reconnaître la nuit au navigateur, offre un mouvement continuel par ses relations avec le Hâvre, et par la pêche du hareng, du merlan et du maquereau. Ce département renferme plus de 493,000 habitans.

DÉPARTEMENT DE LA SEINE-INFÉRIEURE.

Un bateau à vapeur nous transportera, en moins d'une heure, de Honfleur, où nous sommes maintenant, au *Hâvre-de-Grâce*, l'une des places les plus intéressantes du *département* de la *Seine-Inférieure*. Ce qui frappe d'abord les regards, en entrant dans le port du Hâvre, c'est la tour de François Ier, qui sert à signaler les bâtimens qui se présentent en mer. On distingue dans la ville le vieux quartier dont les rues sont assez régulières, mais les maisons bâties sans goût, et le nouveau dont les constructions sont fort belles. C'est surtout en face des forges de la marine et des ateliers de la mâture, que l'intérieur du Hâvre est imposant. Une belle place, un beau quai, une grande rue qui traverse la ville, la façade de la nouvelle salle de spectacle, des cafés, de belles maisons se présentent dans tout leur avantage. Les édifices publics ne répondent point à la richesse de la cité; mais les quarante rues tirées au cordeau, les bassins, les phares, la citadelle, la bibliothèque publique sont des objets qu'on ne se lasse pas de voir. La vue du Hâvre, prise du haut de la montagne d'Ingouville, est une chose admirable.

Le Hâvre, qui renferme 30,000 habitans, est une ville maritime. La proximité de la capitale, l'avantage de pouvoir communiquer par la Seine avec un grand nombre de départemens de l'intérieur, rendent cette place une des plus importantes de la France. Nous y arriverons précisément à l'époque de la foire Saint-Michel qui dure trente jours, et qui est superbe. Le Hâvre est la patrie de Bernardin de Saint-Pierre.

Mes amis, nous approchons de *Rouen*, ancienne capitale de la haute Normandie, aujourd'hui riche chef-lieu du département. Cette ville, peuplée de plus de 90,000 âmes, est située au milieu d'un superbe vallon. Le large cours de la Seine qui coule à travers de riantes prairies, des boulevards qui bordent le fleuve, de beaux quais, le port couvert de navires, tous ces avantages réunis produisent un effet magnifique; mais on est surpris, en pénétrant dans l'intérieur de la cité, d'y voir des rues étroites, obscures, tortueuses, des maisons bâties en bois et sans goût à côté de nouvelles, qui sont régulièrement construites. Néanmoins avec le temps les vieilles masures disparaîtront, et Rouen deviendra une des plus belles villes de France.

Cette grande cité ne brille pas par ses édifices modernes, mais plusieurs monumens du moyen âge y attirent les regards. De ce nombre sont l'église de Sain-Ouen, la cathédrale, la halle aux toiles, le palais de justice. L'Hôtel-Dieu est un des plus vastes établissemens qu'il soit possible de voir. Rouen, siége d'un archevêché et d'une cour royale, possède une bibliothèque de cinquante mille volumes, et tous les établissemens d'utilité convenables à une aussi grande ville, ainsi que ceux d'agrément, avantages auxquels on peut ajouter, comme objets de curiosité, les promenades du jardin de l'hôtel de ville, du Champ-de-Mars et des boulevards; le pont de bateaux qui s'élève et qui s'abaisse avec le flux et le reflux, et s'ouvre pour laisser passer les vaisseaux; le beau pont en pierre nouvellement construit, et les casernes qui sont vastes et belles. Cette cité industrielle a un grand nombre de manufactures et de fabriques. Elle est la patrie de Fontenelle, e des deux Corneille dont la maison existe encore rue de la Pie. C'est dans cette ville, alors au pouvoir des Anglais, que plusieurs prélats, influencés par ces étrangers, assassinèrent juridiquement l'héroïne qui avait sauvé la France.

Après Rouen, la ville de *Dieppe* mérite encore d'être visitée. C'est une place maritime, grande, belle, riche et peuplée de 20,000 âmes. Ses maisons sont bien bâties, ses rues sont régulières; on y compte six places publiques et soixante-huit fontaines alimentées par un aqueduc en briques de plus d'une lieue de longueur. Son port, à l'embouchure de la Seine, peut contenir deux cents bâtimens de soixante à quatre cents tonneaux, et autant de bateaux pêcheurs. On y remarque les écluses de chasse, son bassin, les bains de mer nouvellement établis, les jetées et le château. Dieppe est la patrie du médecin Pecquet, du marin Duquesne, et du géographe Lamartinière.

Nous ne quitterons point ce département,

qui renferme 686,000 habitans, sans avoir parcouru le charmant *pays de Caux*. C'est une petite contrée de dix-sept lieues en longueur, sur dix de largeur : l'agriculture y est portée à un point de perfection admirable. Chaque habitation, entourée d'arbres de diverses espèces, contribue tellement à varier le paysage que, depuis le Hâvre jusqu'à Rouen, les rives de la Seine sont plus dignes d'admiration que les bords tant vantés de la Loire. La beauté des sites, la fertilité du sol, l'abondance des arbres fruitiers, l'embonpoint des bestiaux, le soin qu'on prend des volailles, et ce qui n'est pas moins intéressant, la physionomie des femmes, la fraicheur de leur teint, leurs grâces naturelles, leur haute stature, l'élégance de leur habillement et de leur coiffure pyramidale, tout dans ce pays est propre à en rendre le séjour agréable.

Les Normands sont généralement laborieux et actifs, aussi leurs terres sont-elles partout admirablement cultivées. Ce sont des hommes d'une belle taille, et d'une complexion forte et vigoureuse ; les habitans du pays de Caux surtout sont une race d'hommes superbes qui se distinguent au premier coup d'œil. La Normandie a des prairies magnifiques, mais la vigne y manque, et la boisson ordinaire est le cidre qui y est excellent en général, mais plus ou moins estimé suivant le canton qui le produit.

DÉPARTEMENT DE LA SOMME.

La première et la principale ville que nous avons à voir dans le *département* de *la Somme* est *Amiens*, ancienne capitale de la Picardie, aujourd'hui chef-lieu de préfecture, siége d'un évêché et d'une cour royale, et place de guerre de troisième classe. Elle est assez bien bâtie tant en pierres qu'en briques. Ses rues sont larges et droites, ses places publiques assez spacieuses; les remparts démolis servent de promenades. Cette ville est estimée par les commerçans pour ses filatures, ses piqués, ses velours, et par les gourmands pour les pâtés de canards. La cathédrale est admirable comme chef-d'œuvre d'architecture gothique; mais la délicatesse des piliers de cette église est ce qu'il y a de plus remarquable. Ceux isolés autour du rond-point du chœur rétentissent comme une cloche quand on les frappe; on les appelle colonnes sonnantes. L'hôtel de ville, celui de la préfecture, le collége, la halle au blé et la poissonnerie, sont autant d'objets qui méritent une visite particulière. La bibliothèque publique se compose de quarante mille volumes. Parmi les hommes célèbres nés dans son sein, on cite Pierre l'hermite, qui prêcha la première croisade; le maréchal d'Estrées, Voiture, Ducange, Gresset, et l'astronome Delambre. Amiens renferme 40,000 âmes.

Abbeville, simple chef-lieu de sous-préfecture, et place de guerre de quatrième rang, ne laisse pas d'être importante. Cette ville, de 19,000 habitans, est traversée par la Somme, et bâtie en briques. Quelques-unes de ses rues sont très-larges, les autres peu régulières. On y voit de beaux hôtels en pierre à côté de masures en bois, et quelques édifices anciens, une salle de spectacle, de belles promenades, et des manufactures de draps fins, de toiles, de serges, de savon et d'armes à feu. Abbeville est la patrie du géographe Samson, du médecin Hecquet, et du poète Millevoie.

Ce département, peuplé de plus de 510,000 habitans, est fertile en toutes sortes de grains, de légumes et de fruits. Le manque de vin y est abondamment suppléé par le cidre, et celui du bois par des tourbières.

Les Picards sont généralement vaillans, laborieux, sincères, brusques, fermes dans leurs opinions ; ils ont la tête chaude et sont très-propres aux arts et aux sciences. Leurs plaisirs sont fort simples ; la danse, le tamis, la paume et la raquette forment leurs divertissemens les plus ordinaires.

DÉPARTEMENT DU PAS-DE-CALAIS.

Le canal maritime qui sépare l'Angleterre de la France a donné son nom au *département* du *Pas-de-Calais* : arrêtons-nous d'abord à Boulogne, communément appelée Boulogne-sur-mer. C'est une ancienne ville dont le port, malgré les agrandissemens qu'y a faits Napoléon, est d'un accès difficile. Elle est divisée en haute et basse : la haute se ressent de son ancienneté, les rues en sont étroites et irrégulieres ; la basse qui n'était originairement qu'un petit faubourg est bâtie avec beaucoup de régularité. Cette ville, située à l'embouchure de la Liane, est manufacturière et commerçante. Elle a une salle de spectacle, trois promenades fort belles, un établissement superbe à l'usage des personnes qui prennent les bains de mer. Mais le monument le plus susceptible d'attirer l'attention est une colonne de marbre gris, élevée par l'armée française à Napoléon, qui à cette époque menaçait l'Angleterre d'une invasion.

Calais, simple chef-lieu de canton, est une petite ville très-forte, et défendue par une bonne citadelle. Son port sur la Manche, quoique petit et peu profond, est commode. La ville se compose de rues larges, alignées et bordées d'élégantes habitations en briques. Les remparts dont elle est entourée forment d'agréables promenades. La place d'armes est vaste, ornée de beaux bâtimens, et notamment de l'hôtel de ville. On voit avec intérêt l'église paroissiale, ouvrage des Anglais, qui offre un maître-autel en marbre d'Italie, orné de dix-huit statues du même marbre. Cette ville, patrie de Laplace, compte 8,000 habitans.

Saint-Omer, chef-lieu de sous-préfecture, est une ville ancienne, forte, grande et bien bâtie. Ses rues sont belles et quelquefois d'une largeur remarquable. Elle renferme des monumens d'un assez grand intérêt, telles que la cathédrale, les églises du Saint-Sépulcre et de Saint-Denis. On compte 20,000 âmes dans cette cité qui a donné naissance à Suger, ministre de Louis-le-Jeune.

Dans une plaine entourée de collines et traversée par deux rivières, la Scarpe et le Crinchon, *Arras*, chef-lieu du département, place de guerre de troisième classe, et siége d'un évêché, s'appuie sur un terrain en pente, et se divise en quatre parties : la haute ville, la basse, la cité et la citadelle. De belles maisons, de grandes places, environnées d'arcades, une cathédrale gothique d'une architecture hardie, un vaste hôtel de ville dans le même genre, et des casernes spacieuses, rangent cette ancienne capitale de l'Artois parmi les plus belles villes de France. On y voit des manufactures et des fabriques importantes, des établissemens utiles, une bibliothèque de trente-quatre mille volumes, une collection de tableaux et de divers objets d'arts, un jardin de botanique, et deux sociétés littéraires. Arras, où l'on compte 20,000 âmes, a produit des hommes célèbres à des titres bien différens; d'un côté l'historien Baudoin, le médecin Lécluse, le botaniste Palissot; de l'autre le fanatique Damiens, les deux Robespierre, et Joseph Lebon.

Cette ville, prise par l'archiduc Maximilien d'Autriche, en 1492, portait alors dans ses armoiries ce qu'on appelle en termes de blason trois rats de sable, ce qui donna aux Espagnols l'idée de faire mettre sur une de ses portes : « Quand les Français » prendront Arras, les rats mangeront les » chats. » Néanmoins, en 1640, les Français reprirent cette ville, et l'un deux, lisant dans l'avenir, retrancha le P de cette inscription. Les traités ont en effet assuré cette conquête.

La population de ce département s'élève à environ 611,000 habitans, dont on vante la sincérité, la bienfaisance, l'amour du travail, et surtout celui de la patrie; qualités qui les font estimer même de leurs ennemis; naturellement humains, ils ont cependant conservé plusieurs jeux qui tiennent encore de la barbarie. Ils se plaisent à voir ces combats de coqs où toujours l'un des athlètes périt déchiré par l'autre; ils ont aussi des goûts plus conformes à la douceur de leur esprit, tel que celui des fleurs. Tous en cultivent dans leurs jardins, et à une époque déterminée, un conseil choisi parmi les habitans donne la palme à celui qui présente les plus belles. Cette cérémonie est ordinairement suivie d'un bal.

DÉPARTEMENT DU NORD.

Mes enfans, il ne nous reste plus à explorer que le *département* du *Nord* qui, après celui de la Seine, est le plus peuplé, le plus riche, le mieux partagé en nombre de routes; c'est aussi celui dont les habitans sont les plus éclairés et les plus laborieux. Il comprend plus de villes populeuses et de places fortes importantes que tout autre département.

Nous verrons d'abord *Cambrai* sur l'Escaut, grande ville qui a rang parmi les places de guerre de seconde classe. L'Escaut qui la traverse n'y présente qu'un simple cours d'eau, mais le canal de Saint-Quentin, qui la traverse aussi, facilite l'écoulement du produit de ses fabriques, dont le linon et la batiste sont les principaux objets.

Cambrai, siége d'un évêché, a des rues larges et bien percées, des maisons bien bâties, mais un peu déparées par les constructions anciennes qui ne peuvent disparaître qu'avec le temps. Elle possède de beaux édifices, telles que la cathédrale où l'on voit un beau monument élevé à Fénélon; la maison commune qui est fort belle, et la citadelle qui est magnifique. Cette ville a donné naissance au médecin Boudon, aux deux Marsy, sculpteurs célèbres, et à l'historien Enguerrand de Monstrelet.

Valenciennes, ancienne capitale et place forte du Hainaut, n'était dans son origine qu'une bourgade où les premiers rois de France avaient un palais. Elle renferme aujourd'hui 18,000 âmes, et n'est qu'un chef-lieu de canton. La ville n'est pas belle, mais ses places publiques, ses fortifications, son arsenal, ses vastes casernes, la salle de spectacle, son hôpital, son hôtel de ville, et ses fabriques de dentelles et autres objets, méritent d'être vus avec une attention particulière. Valenciennes est la patrie de Jean Froissart, historien et poète, et du peintre Vateau.

Laissons de côté les petites villes, bourgs et villages qui environnent Valenciennes, et gagnons Douay, place forte dont l'enceinte, composée de vieilles murailles flanquées de tours, est vaste et renferme autant de jardins que d'habitations. Ses principaux édifices sont l'hôtel de ville, l'église de Saint-Pierre et l'arsenal, l'un des plus considérables du royaume. Ce chef-lieu de sous-préfecture, peuplé de 21,000 âmes, est le siége d'un évêché et d'une cour royale. Ses places publiques sont belles ; ses remparts forment des promenades agréables, et sa salle de spectacle est assez jolie. Cette grande ville est la patrie de Jean de Bologne, célèbre sculpteur, et de Jérome Commelin, célèbre imprimeur.

Ce soir, mes amis, nous arriverons à *Lille*, chef-lieu du département, et demain à votre lever, vous verrez une grande ville, située dans une plaine couverte de champs en culture et de la plus grande fertilité. On y entre par sept portes fort belles et ornées de sculptures. Ses fortifications sont formidables, et son importante forteresse fut, dit-on, le coup d'essai de Vauban. Lille est généralement bien bâtie, et ses édifices construits avec goût. Les plus remarquables sont l'hôtel de ville, celui des monnaies, la halle au blé et le pont de l'esplanade. Ses établissemens publics sont également fort beaux, et son commerce immense. Son territoire vous offrira la perspective de plus de deux cents moulins à vent, en pleine activité, pour extraire l'huile du colza, dont il se fait un débit considérable. Cette ville a soutenu plusieurs siéges, et est la patrie du savant Alain de Lille, et du peintre Vanderméer. On fait remonter son origine jusqu'à Jules-César; ce qui est plus certain, c'est qu'elle fut fondée par Baudouin IV, comte de Flandre, dans les premières années du onzième siècle.

L'arrondissement de Lille comprend une infinité de petites villes, pour ainsi dire dans le voisinage de ce chef-lieu, car elles n'en sont pas éloignées de plus de deux à trois lieues. Toutes sont importantes soit comme manufacturières ou fabricantes, soit comme places de guerre plus ou moins fortes. Elles sont généralement assez jolies, et de même genre que celles que nous avons vues dans ce riche département. Employons le peu de temps qui nous reste à visiter *Dunkerque*, chef-lieu de sous-préfecture.

Cette ville, dont l'étendue est considérable, est bien percée, régulièrement bâtie, et véritablement belle. La plupart des maisons n'ont qu'un étage; elles sont de même hauteur, et les croisées sont uniformément espacées. Cette place maritime doit son origine à une chapelle bâtie par saint

Éloi au milieu des dunes; son ancienne prospérité à sa position entre deux mers et à sa proximité de l'Angleterre et des Pays-Bas. Sa richesse actuelle est due à la pêche de la morue. Dunkerque eut à peine pris le rang de cité, qu'elle excita la convoitise et la jalousie de ses voisins, et par suite elle éprouva des désastres qui lui firent un tort difficile à réparer. Cependant la franchise accordée à son port et la belle écluse exécutée pour le débarrasser des bancs de sable qui en obstruaient l'entrée lui ont rendu presque toute son ancienne activité commerciale.

Ce que l'on remarque dans cette ville, c'est la place publique décorée de la statue de Jean Bart, le plus célèbre des marins de son temps; le frontispice de l'église de Saint-Éloi, composé de dix belles colonnes corinthiennes, couronnées par un fronton grec, ouvrage d'un architecte français. Le port vaste et bien construit offre un canal qui ne se remplit qu'aux marées, et se vide en partie quand elles se retirent. Vous verrez avec plaisir deux bassins de construction, dont le principal se prolonge entre deux bâtimens parallèles et uniformes, la jetée, la tour, le chantier, le moulin à scier le bois. La rade de Dunkerque est une des plus belles de l'Europe, et le port un des plus fréquentés de France. On compte dans cette place 24,000 âmes.

Le département du Nord tire son nom de sa position géographique. Arrosé par de nombreuses rivières, et par une infinité de canaux qui communiquent les uns avec les autres et avec les rivières diverses, la culture et le commerce y sont également prospères. La population y approche d'un million d'habitans, la plupart livrés exclusivement à l'agriculture ou aux spéculations commerciales, et fort peu aux sciences. Les hommes de ce pays sont généralement mieux partagés des dons de la nature que les femmes. Celles-ci ont plus de régularité que de grâces dans les traits. Les uns et les autres ont des mœurs douces, mais sont peu communicatifs. Il est peu de pays où le luxe ait fait autant de progrès; et ce n'est pas sans peine que l'on distingue la fille de l'artisan de celle du riche propriétaire. Le caractère, les mœurs, les usages des habitans de cette contrée sont un mélange qui tient plus ou moins de ceux de la France ou de la Belgique, en raison de la proximité de l'un ou de l'autre pays ; d'où l'on peut conclure que dans la partie qui touche à la France se trouve plus de politesse et d'urbanité, moins d'ignorance et de superstition.

FIN.

ERRATA.

Pages 150, ligne 17; 151, ligne 10, et 152, ligne 9, au lieu des mots *Sèvre-Mortaise*, lisez *Sèvre-Niortaise*.

www.ingramcontent.com/pod-product-compliance
Lightning Source LLC
Chambersburg PA
CBHW060054190426
43201CB00034B/1498